# 속담 속에 숨은 과학 1

## 속담 속에 숨은 과학 1

2016년 5월 16일 개정판 1쇄 발행
2022년 5월 16일 개정판 4쇄 발행

지은이 | 정창훈
그린이 | 이상권
펴낸이 | 김기옥
펴낸곳 | 봄나무

아동 본부장 | 박재성
편집 | 김인애
편집디자인 | 디자인 몽클
영업 | 김선주
제작 | 김형식
지원 | 고광현

등록 | 제313-2004-50호 (2004년 2월 25일)
주소 | 121-839 서울시 마포구 양화로 11길 13(서교동, 강원빌딩 5층)
전화 | (02) 325-6694 팩스 (02) 707-0198 이메일 | info@hansmedia.com

도서주문 | 한즈미디어(주)
주소 | 121-839 서울시 마포구 양화로 11길 13(서교동, 강원빌딩 5층)
전화 | (02) 707-0337 팩스 | (02) 707-0198

ⓒ 정창훈, 이상권, 2005
ISBN 979-11-5613-096-3 74400
ISBN 979-11-5613-095-6 74400(세트)

• 사진 제공 | 알파 포토스 25, 74, 81, 90, 135, 137
• 이 책 내용의 일부 또는 전부를 재사용하려면 반드시 저작권자와 봄나무 양측의 동의를 얻어야 합니다.
• 이 책에 실린 사진 일부는 저작권자를 찾지 못한 채 쓰였습니다. 뒤에 연락해주시면 합당한 사용료를 드리겠습니다.
• 책값은 뒤표지에 나와 있습니다.

# 속담 속에 숨은 과학 1

정창훈 지음 | 이상권 그림

우리 발바닥에는 아주 특별한 것이 있지!

그게 뭔데?

봄나무
Bomnamu Publishers, Inc.

| 개정판에 부치는 글 |

# 끈질긴 생명력을 가진 속담과 과학

《속담 속에 숨은 과학》첫 권이 나온 지 벌써 10년이 넘었습니다. 흔히 10년이면 강산이 변한다고 합니다. 요즘에는 과학 기술이 아주 빠르게 발전하기 때문에 10년이면 세상이 변합니다.

그동안 《속담 속에 숨은 과학》은 많은 독자들의 뜨거운 사랑을 받아왔습니다. 또한 그 열기는 2권과 3권이 출간되며 끈끈히 이어지고 있습니다. 강산이 변하고 세상이 변하는 세월 동안 어째서 독자들은 《속담 속에 숨은 과학》을 계속 찾아 주는 걸까요?

그건 속담과 과학이 모두 끈질긴 생명력을 지니고 있기 때문일 겁니다.

속담은 하루아침에 만들어지지 않습니다. 속담은 오랜 세월 우리 조상들의 입에서 입을 거치며 조금씩 완전한 모습을 갖추어 갑니다. 우리 삶에 도움을 주지 못하는 속담은 오래 버티지 못하고 사라지기도 합니다.

지금까지 살아남은 속담에는 우리 조상들이 삶 속에서 깨달은 소중한 지혜가 담겨 있습니다. 수백 년을 사라지지 않고 버텨 온 속담에게 10년은 아주 짧은 세월이 아닐까요?

과학은 어쩌면 속담보다 더 오랫동안 이어져 왔는지도 모릅니다. 과학의 씨앗은 우리 조상들이 불을 피워 고기를 굽고, 돌과 나무로 도구를 만들며, 하늘의 별을 바라볼 때부터 싹트기 시작했거든요.

물론 과학이 틀릴 수도 있습니다. 하지만 이전의 틀린 과학은 새로 등장한 옳은 과학에게 밀려납니다. 지동설이 천동설을 밀어내는 것처럼 말입니다. 따라서 속담 속에 담긴 과학은 어느 정도 옳은 근거를 가지고 있기 마련입니다.

《속담 속에 숨은 과학》이 끈질긴 생명력을 가지게 된 중요한 이유 두 가지를 더 말씀드리려고 합니다. 먼저 독자 여러분의 한결 같은 애정입니다. 그 애정이 식지 않는 한《속담 속에 숨은 과학》은

또다시 10년 동안 새로운 독자를 찾아 나설 겁니다.

봄나무 식구들의 깊은 애정도《속담 속에 숨은 과학》의 생명력에 큰 활기를 불어넣었습니다. 또한 그 덕에《속담 속에 숨은 과학》은 10년 만에 새 옷을 갈아입고 세상을 나서게 되었습니다.

10년이 넘도록 큰 관심과 깊은 애정을 보여 주신 독자 여러분과 봄나무 식구들에게 진심으로 고마움의 뜻을 전합니다.

2016년 봄 정창훈

| 머리글 |

# 속담 속에 과학이 숨어 있다

아주 어렸을 적, 어머니와 함께 외갓집에 가던 생각이 납니다. 제 외갓집은 인천 가까이에 있는 작은 섬이었습니다. 지금은 뭍과 이어져 버스를 타고 갈 수 있지만, 아직도 '율도'라는 섬으로 알려져 있어요. 그때 외갓집에 가는 방법에는 두 가지가 있었습니다. 하나는 나룻배를 타고 가는 것이고, 또 하나는 바닷물이 빠질 때를 기다려 개펄 위를 걸어서 가는 것이었습니다.

서해안 바닷가나 섬에 사는 사람들한테는 물때가 아주 중요합니다. 물때란 아침 저녁으로 밀물과 썰물이 들어오고 나가는 때를 말하지요. 과학이 발달한 요즘은 밀물과 썰물이 왜 일어나고, 또 언제 일어나는지 정확히 예측할 수 있습니다. 하지만 과학 지식이 별로 없던 옛날 사람들도 물때를 정확히 알고 있었습니다. 어떻게 그럴 수 있었을까요?

옛날 사람들은 달이 지구를 잡아당기고 있다는 것을 알지 못했습니다. 하지만 오랜 경험을 통해 물때가 달의 모양 변화와 관계가 깊다는 사실을 깨달았습니다. 알고 보면 과학도 별것은 아닙니다. 오랫동안 관찰하여 얻은 지식이 바로 과학이라고 할 수 있으니까요. 옛날 사람들은 물때의 과학을 오랫동안 쌓인 경험을 통해 깨우쳤던 것입니다.

예로부터 민간에 전해 내려오는 교훈이 담긴 짧은 말을 속담이라고 합니다. 속담에는 오랜 경험으로 깨달은 조상들의 지혜가 담겨 있습니다. 여러분은 이 책에서 날씨와 천체, 그리고 우리 몸과 동식물에 관한 속담 열여섯 개를 만나게 될 것입니다. 물론 이 책의 목적이 속담 풀이는 아닙니다. 또 속담이 과학적이라는 것을 억지로 입증하려는 것도 아닙니다. 그렇다면 여러분은 이 책에서 무엇을 얻을 수 있을까요?

과학은 아주 오래전부터 시작되었습니다. 해와 달과 별은 동쪽에서 떠서 서쪽으로 집니다. 하늘에 짙은 구름이 깔리면 비와 눈이 내립니다. 남쪽의 따뜻한 바람과 북쪽의 차가운 바람은 1년마다 찾아옵니다. 이렇듯 자연 현상은 늘 되풀이되고 있지요. 옛날 사람들은 되풀이되는 자연 현상에서 규칙을 찾아냈습니다. 대부분의 속담은 이 같은 규칙을 바탕으로 만들어졌습니다. 바로 속담 속에 과학이 숨어 있는 것이지요.

 자, 이제 속담 속에 숨어 있는 과학을 하나하나 찾아봅시다. 그러는 동안 여러분은 과학이 우리 삶과 아주 밀접하다는 것을 깨닫게 될 것입니다. 또 과학이 옛날 이야기처럼 재미있고 속담처럼 쉽다는 것도 새삼 알게 될 것입니다.

2005년 6월 정창훈

차례

1 바늘구멍으로 황소바람 들어온다 · 12

2 봄볕은 며느리 쬐이고, 가을볕은 딸을 쬐인다 · 21

3 제 똥 구린 줄 모른다 · 31

4 변덕이 죽 끓듯 한다 · 40

5 낮말은 새가 듣고, 밤말은 쥐가 듣는다 · 49

6 고양이가 발톱을 감춘다 · 61

7 마른하늘에 날벼락 맞는다 · 69

8 새벽달 보려고 초저녁부터 기다린다 · 77

- 9 비우 많은 해는 풍년 • 87
- 10 꽃이 고와야 나비가 모인다 • 96
- 11 자라 보고 놀란 가슴 솥뚜껑 보고 놀란다 • 105
- 12 물 위에 뜬 기름 • 116
- 13 달 가까이 별 있으면 불나기 쉽다 • 124
- 14 달무리한 지 사흘이면 비가 온다 • 130
- 15 콩밭에 가서 두부 찾는다 • 139
- 16 엄마 손은 약손 • 146

# 1 바늘구멍으로 황소바람 들어온다

우리나라는 사계절이 뚜렷하고 날씨 변화가 심합니다. 봄은 따뜻하고 여름은 비가 많고 무더우며, 가을은 서늘합니다. 그런가 하면 겨울은 눈이 많고 아주 춥지요.

우리 조상들은 추운 겨울을 따뜻하게 나기 위해 '온돌'이라는 특별한 난방 장치를 만들어 냈습니다. 온돌은 방바닥에 넓적한 돌들을 깔고, 아궁이에 불을 때서 방을 따뜻하게 하는 방식입니다. 방바닥의 돌들이 데워져서 방 안 공기를 따뜻하게 만들어 줍니다. 요즘 아파트에서는 불을 때는 대신 방바닥에

깔린 파이프에 뜨거운 물을 돌게 해서 난방을 합니다. 옛날에 썼던 온돌을 편리하게 바꾼 것이지요.

그런데 문제는 방문하고 창문이에요. 요즘은 쇠나 유리로 현관문도 만들고 창문도 만듭니다. 유리창은 따뜻한 햇볕은 잘 통하게 해 주고 찬바람은 막아 주지요. 또 단단하기 때문에 웬만한 충격에도 깨지지 않습니다. 하지만 옛날에는 쇠나 유리가 귀했기 때문에 나무로 짠 틀에다가 한지를 발라 방문하고 창문을 만들었습니다. 한지는 종이라서 뾰족한 물체가 스치거나 손가락으로 콕 찌르기만 해도 쉽게 찢어지거나 구멍이 나요.

여름에는 창문에 구멍이 나더라도 그나마 괜찮았습니다. 하지만 추운 겨울, 찬바람이 쌩쌩 부는 날이면 작은 창문 구멍으로 얼마나 매서운 바람이 불어 들어오는지요. 그래서 옛 사람들은 이런 속담을 만들었답니다.

'바늘구멍으로 황소바람 들어온다.'

이 속담에는 아주 추울 때는 바늘구멍만 한 구멍으로 들어오는 바람도 아주 차고 맵다는 속뜻이 들어 있어요. 그럼 큰 구멍도 아니고 바늘구멍만 한 틈으로 들어오는 바람이 왜 아플 만큼 차갑게 느껴졌을까요? 혹시 가난하게 살았던 우리네 옛사람들 마음을 더욱 춥게 만들어서 그런 건 아니었을까요?

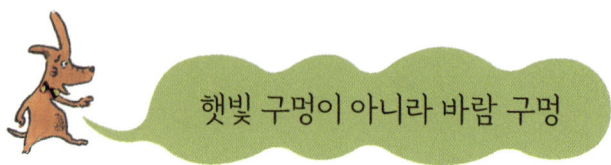

햇빛 구멍이 아니라 바람 구멍

창문을 영어로 '윈도(window)'라고 합니다. 잘 알려진 컴퓨터 운영 프로그램인 '윈도즈(windows)'는 윈도의 복수형으로 여러 개의 창문을 뜻하지요. 화면에 뜨는 여러 개의 작은 작업

틀이 창문처럼 생겼기 때문에 이런 이름이 붙었습니다.

　이 윈도라는 낱말은 중세 독일어에서 생긴 영어인데, 윈드(wind ; 바람)와 아이(eye ; 눈)라는 낱말 두 개를 더해서 만들었다고 합니다. 말하자면 윈도는 바람이 들어오는 눈, 즉 '바람구멍'이라는 뜻이 되는 거예요.

　중세 유럽에서는 세로로 길쭉하고 가늘게 벽을 뚫어서 창을 냈답니다. 집 안으로 빛이 들어와야 환해지는 건 알지만, 그때는 유리가 없었으니까 창을 막지는 못했어요. 창을 막지 않았으니 뻥 뚫린 창으로 바람이 숭숭 들어왔을 것입니다. 그 틈으

로 세차게 들어오는 차가운 바람이 얼마나 대단했을까요? 햇빛을 받으려고 뚫어 놓은 구멍에 '햇빛 구멍'이라는 이름 대신 '바람 구멍'이라는 이름을 붙여 놓은 걸 보면 말입니다.

그러고 보면 어디가 되었든 추운 데 사는 사람들한테는 문틈으로 들어오는 찬바람이 큰 골칫거리였나 봐요. 그런데 어째서 작은 구멍으로 들어오는 바람이 그렇게 세찬 걸까요?

슬기로운 이순신 장군

여러분도 잘 아는 것처럼 공기는 기체고 물은 액체입니다. 기체나 액체의 특징은 흐른다는 것이지요. 공기는 흘러서 바람을 일으키고, 물은 흘러서 강이 되고 바다로 들어갑니다. 기체나 액체처럼 흐르는 물질을 통틀어서 '유체'라고 하지요.

지금으로부터 약 300년 전, '베르누이'라는 스위스 과학자는 유체의 흐름에 대해 연구하다가 아주 특별한 것을 발견했습니다. 그건 바로 유체는 좁은 통로를 흐를 때 속력이 더욱 빨라진다는 사실이에요. 잘 생각해 보세요. 폭이 넓은 시냇물은 천천히 흐르지만, 폭이 좁아지면 물 흐름은 빨라집니다. 또 수도꼭지 구멍을 손가락으로 반쯤 막으면 수돗물이 더욱 세차게 뿜어져 나와요. 이런 현상은 모두 통로가 좁아지면 속력이 빨라지기 때문에 생기는 것입니다.

옛날 조선 시대의 명장, 이순신 장군은 벌써 그런 사실을 알고 있었답니다. 1597년 9월, 이순신 장군은 임진왜란을 일으킨 왜군에 맞서 비장한 각오로 '명량해전'에 나섰어요. 그때 장군은 아주 기발한 생각을 해 냈답니다. 바닷물이 흐르는 길목이

**명량해전** 1597년 9월 16일 이순신 장군은 단 13척의 배를 이끌고 진도와 화원 반도 사이, 물살이 빠르게 흐르는 울돌목으로 왜군을 유인해 무찔렀다.

좁아 물살이 빠른 '울돌목'으로 왜군을 끌어들였거든요.

울돌목은 물길이 좁아서 밀물이나 썰물 때 바닷물이 거세게 드나드는 곳이었습니다. 그러니 어떻게 되었겠어요? 왜군은 거센 물살에 휩쓸려 거의 전멸하다시피 해서 물러가고 말았답니다. 단 13척으로 왜군 배 400여 척을 물리친 거예요.

이런 현상은 공기에서도 일어납니다. 공기도 물처럼 흐르는 유체 가운데 하나니까요. 자, 입을 크게 벌리고 숨을 내쉬면서 '하아' 불어 보세요. 이번에는 입을 오므려 좁게 벌리고 바람을 '훅' 불어 보세요.

어때요, 바람이 언제 더 세차게 불지요? 손바닥을 입 앞에 대고 불어 보면, 입을 좁게 벌렸을 때 더 세찬 바람이 나온다는 것을 느낄 수 있습니다. 입을 오므리면 오므릴수록 바람은 더욱 세차지는 거예요. 주먹만 한 구멍으로 들어오면 '송아지바람'인데, 바늘구멍으로 들어오면 '황소바람'이 되는 것입니다.

그런 데다가 몸으로 불어 오는 바람이 빠르면 빠를수록 우리 몸은 더욱 차갑게 느껴집니다. 왜냐고요? 피부의 온기를 그만큼 빨리 빼앗아 가기 때문이지요.

추운 겨울, 따뜻한 방 안에서 오순도순 정겨운 이야기를 나누던 옛날 사람들은 작은 문구멍으로 들어오는 세찬 바람을 맞으며 이런 생각을 했을 것입니다.

'거 참 신기하기도 하다. 저 작은 구멍으로 들어오는 바람이 어쩌면 이렇게 드세단 말이냐?'

이제 바늘구멍으로 어떻게 황소바람이 들어오는지 알 수 있겠지요? 이번 겨울에는 창문을 살짝 열고 황소바람을 한번 느껴 보는 건 어떨까요?

## 2 봄볕은 며느리 쬐이고 가을볕은 딸을 쬐인다

 혹시 '시집살이'라는 말 들어 본 적 있어요? 남편의 집을 '시댁' 또는 '시집'이라고 해요. 시집살이란, 말 그대로 결혼을 하고 남편 집에서 남편의 식구들과 함께 사는 것을 말합니다. 그래서 남편의 어머니를 '시어머니', 아버지를 '시아버지'라고 하지요. 또 시집살이 온 여자를 '며느리'라고 합니다. 친할머니에게는 여러분의 어머니가 며느리인 셈이에요. 그럼 할머니의 딸은 어떻게 부를까요? 바로 여러분의 '고모'가 되지요.
 대가족이 모여 살던 옛날에는 시집살이가 아주 힘들었습니

다. 밥하고, 빨래하고, 논밭에서 일하느라 눈코 뜰 새가 없었거든요. 또 시어머니 구박이 여간 심한 게 아니었습니다. 그래서 보통 시어머니와 며느리 사이는 좋지 않을 때가 많았어요. 그러다 보니 시어머니가 볼 때 며느리는 미운 사람이고, 딸은 예쁜 사람이 되곤 했지요.

'봄볕은 며느리 쬐이고 가을볕은 딸을 쬐인다.'

좀 고약한 마음이 들어 있긴 하지만, 이 속담은 바로 그런 시어머니 마음을 잘 나타낸 말입니다. 좋은 것은 딸한테 주고, 나쁜 것은 며느리에게 준다는 뜻이에요. 그런데 도대체 봄볕과 가을볕이 어떻게 다르기에 이런 속담이 생겼을까요?

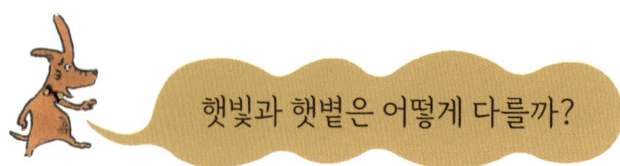

햇빛과 햇볕은 어떻게 다를까?

볕이란 햇볕을 말합니다. 봄볕은 봄에 쬐는 햇볕이고, 가을볕은 가을에 쬐는 햇볕이지요. 그런데 햇볕하고 햇빛이 어떻게 다르냐고요?

　보통 햇빛은 '해에서 나오는 밝은 빛'을 말하고, 햇볕은 '따뜻한 기운'을 말합니다. 이렇게 말하면 햇빛과 햇볕은 서로 다른 것처럼 생각될 수도 있습니다. 하지만 그 둘은 같기도 하고 다르기도 합니다. 말이 나온 김에 해에서 나오는 여러 가지 빛에 대해 알아보면서 햇빛과 햇볕의 차이를 자세하게 살펴봐요.
　해가 뜨면 컴컴했던 사방이 환해집니다. 햇빛이 세상을 비추기 때문이에요. 우리 눈에는 그냥 희게 보이는 햇빛에는 여러 가지 빛이 섞여 있습니다. 비가 갠 뒤, 해가 뜬 곳과 반대쪽인 하늘에 보이는 무지개를 생각해 보세요. 무지개는 햇빛이 공기 속에 든 작은 물방울에 굴절되어 나타나는 현상입니다.

 그런데 희게만 보이던 햇빛이 어떻게 아름다운 색깔이 모여 있는 무지개로 보이냐고요?

 그건 햇빛이 굴절되면서 함께 섞여 있던 빛이 여러 가지 빛으로 나뉘어졌기 때문입니다. 그래서 무지개 색깔은 셀 수 없을 만큼 많아요. 동양에서는 '오색 무지개'라 하고, 서양에서는 '일곱 빛깔 무지개'라 하지요. 동양에서는 많은 색을 표현할 때 '오색'이라는 말을 잘 씁니다. 서양 사람들은 7이라는 숫자를 행운의 숫자라고 여기며 좋아하기 때문이기도 합니다.

 무지개처럼 우리 눈으로 볼 수 있는 빛을 '가시광선'이라고 합니다. 그런데 해에서 나오는 빛 가운데는 우리 눈으로 볼 수 없는 것들도 아주 많거든요. 그 가운데 우리 몸에 중요한 영향을 끼치는 것들이 바로 '적외선'과 '자외선'입니다.

공기 중을 곧게 나아가던 빛은 다른 물질 속을 지나면서 조금씩 꺾인다. 빛이 꺾이는 정도는 빛의 종류, 즉 색깔에 따라 다르다. 이 때문에 햇빛은 공기 중의 작은 물방울을 지나면서 여러 가지 색의 빛으로 나뉜다. 이때 보이는 빛의 띠가 바로 무지개이다.

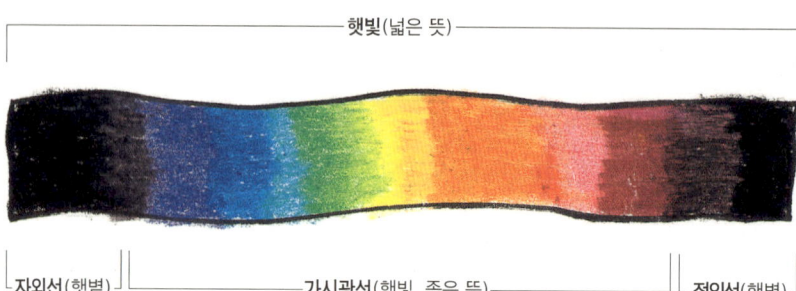

적외선의 '적'은 '빨강', '외'는 '바깥', '선'은 '광선(빛)'을 뜻합니다. 그러니까 적외선이란 '빨간빛의 바깥쪽에 있는 빛'이란 뜻이 되지요. 또 자외선의 '자'는 '보라'를 뜻하므로, 자외선이란 '보랏빛의 바깥쪽에 있는 빛'이란 뜻이 됩니다. 만약에 우리가 적외선이나 자외선을 눈으로 볼 수 있다면, 무지개의 빨간빛 바깥쪽에서는 적외선을, 그리고 보랏빛 바깥쪽에서는 자외선을 볼 수 있을지도 모르지요.

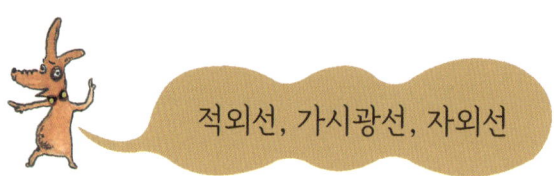

적외선, 가시광선, 자외선

해에서 나오는 빛 가운데 우리 눈에 보이는 가시광선을 햇빛이라고 합니다. 그리고 적외선이나 자외선처럼 눈에 보이지 않고 어떤 기운으로 느껴지는 빛을 햇볕이라고 하지요. 하지만 일상생활에서는 햇빛과 햇볕을 구별하지 않고, 그냥 햇빛이라고 말하는 경우가 많습니다. 햇빛이 햇볕을 포함한 넓은 뜻으로 쓰이니까요. 그러니 햇빛과 햇볕을 섞어 쓰더라도 잘 구분해서 이해해야 한답니다.

 적외선은 우리 몸을 따뜻하게 데워 혈액 순환을 도와줍니다. 몸에 피가 잘 돌면 몸의 면역 기능, 그러니까 몸 속으로 들어온 나쁜 균을 물리치는 힘이 좋아져서 상처가 빨리 아물거든요. 또 적외선은 상처난 곳의 아픔을 가라앉혀 주기도 합니

다. 병원이나 사우나에서 흔히 쓰이는 적외선 치료기는 적외선이 가진 이런 성질을 이용한 것입니다.

그런가 하면 자외선은 살균 작용을 합니다. 나쁜 균을 없애 준다는 뜻이지요. 병원이나 식당에서는 자외선 살균 소독기를 이용해 수술 도구나 그릇을 소독하기도 합니다.

자외선을 너무 많이 쬐면 화상을 입거나 피부암에 걸릴 수도 있습니다. 하지만 적당하게만 쬐면 건강해지는 데 큰 도움이 되지요. 자외선을 쬐면 피부에 있는 '스테롤'이라는 물질이 '비타민D'로 바뀐답니다. 비타민D는 몸 속에 있는 '칼슘'과 '인'을 빨아들여서 뼈를 튼튼하게 만들어 주거든요. 이 밖에도 햇빛은 우울증이나 고혈압, 심장병 같은 병을 낫게 하는 데 큰 도움이 된다고 합니다.

## 시어머니는 고민이 많다

요즘 사람들은 주로 건물 안에서 지내기 때문에 햇볕을 쬘 시간이 별로 없습니다. 그래서 일부러 시간을 내 햇볕을 쬐러 가기도 해요. 건강을 위해 햇볕을 쬐는 것을 '일광욕'이라고 합니다.

그런데 여름 햇볕은 너무 세고, 겨울 햇볕은 너무 약합니다. 그러니 일광욕을 하기에 적당한 볕은 가을볕이나 봄볕이겠지요. 하지만 봄철에는 공기가 건조해지기 때문에 자외선이 은근히 강해집니다. 오죽하면 '봄볕에 그을리면 보던 님도 몰라본다'는 속담이 다 나왔겠어요. 가을철에는 습기가 많아지기 때문에 가을볕이 봄볕보다는 좀 더 부드럽답니다. 공기 속에 든

습기가 햇볕을 적당히 줄여 주기 때문이지요.

　옛날에는 대부분 농사를 짓고 살았기 때문에 논이나 밭에 나가 일하는 시간이 많았습니다. 논밭을 갈고 모를 심는 봄이나 곡식을 거둬들이는 가을에는 여자들이나 아이들까지 나서서 일을 거들어야만 했어요.

　며느리하고 딸을 일하러 보내야 할 때가 되면 시어머니는 참 걱정이 많아집니다. 딸은 곱게 길러서 시집을 보내야 하는데, 밖에서 일을 시키면 피부가 거칠어질 테니 걱정이지요. 그렇다고 며느리만 일을 시키자니 이웃 사람들이 못된 시어머니라고 손가락질을 할 게 분명합니다.

　'그래, 며느리하고 딸을 공평하게 내보내는 거야. 햇볕이 따가운 봄에는 며느리를 내보내고, 햇볕이 부드러운 가을에는 딸을 내보내야지.'

　이래저래 고민하던 시어머니는 결국 이런 생각을 하게 되지 않았을까요?

# 3 제 똥 구린 줄 모른다

　자, 이렇게 상상해 볼까요? 쓰레기를 아무 데나 버리지 말자고 큰소리치는 친구 뒤를 몰래 쫓아가 보았습니다. 그런데 어라, 길에다 슬그머니 먹고 남은 빵 봉지를 버리는 게 아니겠어요?

　"쓰레기를 아무 데나 버리지 말자더니, 너는 왜 함부로 버리니?"

　하고 따졌지요. 그랬더니 일부리 버린 게 아니라 그냥 흘린 것이라나요?

사람들은 남이 잘못한 일은 탓할 줄 알면서, 자신이 잘못한 일은 그럴 수도 있다며 변명을 늘어놓기 일쑤입니다.

'제 똥 구린 줄 모른다.'

이럴 때 이 속담을 쓰면 꼭 맞습니다. 자기가 눈 똥 냄새를 자기는 잘 맡지 못하듯이, 자신한테 어떤 결점이 있는지 깨닫기란 쉽지 않다는 뜻이거든요. 제가 눈 똥이든, 아니면 남이 눈 똥이든 다 같은 똥인데, 어째서 자기 똥에서 나는 냄새는 잘 맡지 못한다는 걸까요?

## 맛의 90%는 냄새로 느낀다

우리는 눈으로 물체를 보고, 코로는 냄새를 맡습니다. 또 귀로는 소리를 듣고, 혀로는 맛을 보지요. 그런가 하면 살갗으로는 물체의 촉감을 느낄 수 있습니다. 이처럼 여러 가지 자극에 대한 느낌을 '감각'이라고 하는데, 이 감각을 앞에서부터 차례로 말해 보면 시각, 후각, 청각, 미각, 촉각이라고 하지요.

사람들은 다른 감각에 비해 후각을 얕잡아 볼 때가 많습니다. 하지만 후각이야말로 시각 다음으로 신비롭고 이해하기 어려운 감각이거든요. 그만큼 후각에 대해 알려진 사실이 적다는 뜻이랍니다.

혹시 냄새를 못 맡으면 맛도 볼 수 없다는 말 들어 본 적이 있어요? 맛은 혀로 느끼니까 상관없다고요? 물론 그 말도 맞습니다. 하지만 맛의 90%를 느끼는 감각은 후각이에요. 감기에 걸려 코가 막혔을 때 맛있는 음식을 먹어 보세요. 아마 무슨 맛인지 잘 모를 것입니다. 냄새를 맡지 못하면 음식이 상했는지 아닌지도 잘 구별하지 못하니까요. 그러니 상한 음식을 먹어서 배탈이 나고 설사로 고생할 수도 있는 거지요.

 빛의 종류는 셀 수 없이 많습니다. 하지만 모든 빛은 빨강, 파랑, 초록이라는 빛의 삼원색을 섞어서 만들 수 있어요. 마찬가지로 맛에도 단맛, 쓴맛, 신맛, 짠맛이라는 네 가지 기본 맛이 있습니다.

 그런데 어찌 된 일인지 냄새에는 기본 냄새가 없어요. 그냥 셀 수 없이 많은 냄새가 있을 뿐이거든요. 세상에는 약 40만 가지가 넘는 냄새가 있는데, 사람은 그 가운데 약 1만 가지 냄새를 구별할 수 있답니다. 어떤 게 있을까요?

 구린내, 고린내, 지린내, 곰팡내, 흙내, 향내, 입내, 술내, 비린내……. 모든 냄새에 이런 이름을 붙인다면 그 수가 1만 개는 되는 셈이에요. 그럼 흔히 구린내라고 하는 똥 냄새를 우리가 어떻게 맡게 되는지 살펴볼까요.

## 똥 냄새는 무엇이 만드나

 우리가 먹은 음식물은 목구멍을 지나 위로 내려가 섞이고, 작은창자와 큰창자를 지나 더욱 잘게 으깨지면서 소화가 됩니다. 창자에는 '유산균'처럼 우리 몸에 이로운 세균도 있고, '장티푸스균'이나 '콜레라균'처럼 우리 몸에 해로운 세균도 살고 있어요. 이런 세균들은 음식물을 분해하면서 여러 가지 물질을 만들어 냅니다.

 그 가운데 고약한 냄새를 내는 것은 주로 해로운 세균들이 만드는 '스카톨'과 '인돌'이라는 물질이에요. 이런 물질은 몸

속에 그냥 쌓이는 게 아니라 음식물 찌꺼기, 즉 똥에 섞여서 몸 밖으로 나오게 되지요.

우리가 똥을 누면 스카톨과 인돌이 똥에서 퍼져 나와 공기와 함께 우리들 콧속으로 들어옵니다. 코의 안쪽 천장에는 냄새를 맡는, '후각 세포'라고 하는 부분이 있어요. 그 후각 세포에 스카톨과 인돌이 닿으면 그에 해당하는 전기 신호가 일어나 뇌로 전달됩니다. 그러면 뇌에서는,

'어, 똥 냄새가 나는구나!'

하고 곧바로 알아차리는 거지요.

스카톨과 인돌 말고도 독한 구린내를 풍기는 물질은 얼마든

지 있습니다. 음식물 소화 과정에서 생기는 황화수소나 메탄, 암모니아 같은 물질들이지요. 그런데 후각은 시각이나 청각하고 다른 아주 독특한 성질을 하나 갖고 있답니다. 그것은 한 가지 냄새를 오랫동안 맡지 못한다는 사실이에요.

뭐가 구리다고 그래?

우리는 어떤 물체를 꽤 오랫동안 줄곧 쳐다볼 수 있습니다. 소리도 마찬가지지요. 좋아하는 음악을 들을 때처럼 꽤 오랫동안 같은 소리를 들을 수도 있어요. 하지만 냄새는 계속해서 맡을 수가 없습니다. 그 까닭은 뭘까요?

벌써 이야기했지만, 냄새는 후각 세포에 냄새를 풍기는 물질이 달라붙는 동안에만 맡을 수 있습니다. 그런데 후각 세포에 냄새 물질이 꽉 차게 되면 더 이상 냄새 물질이 달라붙지 못하게 되거든요. 그러니 후각 세포가 다시 깨끗해질 때까지는 냄새를 맡을 수 없는 것입니다. 이 같은 현상을 좀 어려운 말로

'후각 피로'라고 하지요.

눈이나 귀도 피로를 느끼는 건 마찬가지입니다. 어떤 물체를 너무 오래 보거나, 또 어떤 소리를 너무 오래 들으면 가만히 앉아 있는데도 점점 힘들어지잖아요. 하지만 코는 눈이나 귀에 비해 훨씬 쉽게 피로가 온답니다. 피로를 없애려면 잠시 쉬는 수밖에 없는 것이지요.

그러므로 냄새는 쉬엄쉬엄 맡아야 제대로 맡을 수 있습니다. 토끼의 콧속에는 피부가 늘어져 만들어진 덮개가 있답니다. 이 덮개로 콧구멍을 열고 닫으면서 쉬엄쉬엄 냄새를 맡는다는 거예요. 향수를 만드는 전문가들도 향수를 평가할 때 손으로 바람을 일으켜 조금씩 냄새를 맡는다고 합니다.

자, 그럼 지금까지 알아본 것을 바탕으로 제 똥 구린 줄 모른다는 속담을 다시 한 번 되새겨 볼까요?

여러분은 지금 화장실 변기에 앉아 똥을 누고 있습니다. 처음에는 여러분도 구린내를 맡게 될 거예요. 하지만 후각 피로 때문에 금세 구린내를 맡지 못하게 됩니다. 그때 동생이 노크도 없이 화장실 문을 열었다가 코를 움켜쥐며 이렇게 말합니다.

"으아, 무슨 똥 냄새가 이렇게 지독해?"

그럼 여러분은 잔뜩 무안해져서 이렇게 말하겠지요.

"아무 냄새도 안 나는데 뭐가 구리다고 그래!"

이번에는 동생이 화장실에 앉아 있다고 생각해 봐요. 여러분은 아무도 없는 줄 알고 화장실 문을 열었다가 코를 움켜쥐면서 이렇게 말합니다.

"와, 도대체 뭘 먹었기에 이렇게 구린내가 심하냐!"

그럼 동생은 무안해져서 이렇게 말하겠지요.

"아무 냄새도 안 나는데 왜 그래!"

#  변덕이 죽 끓듯 한다

지금부터 30여 년 전, 제가 초등학교에 다닐 때 이런 동요를 불렀습니다.

두 개 두 개 사과 두 개. 언니 한 개 나 한 개.
받아 들면 작아 보여 자꾸자꾸 바꿉니다.

틀림없이 내가 먼저 큰 것을 골랐는데, 이상하게 언니 손에 있는 것이 더 커 보입니다. 이러지도 못하고 저러지도 못하고,

어린 마음에 좀 더 큰 것을 고르고 싶어서 자꾸 바꾸게 된다는 노래지요.

이렇게 마음을 쉽게 바꾸는 걸 보고 '변덕을 부린다'고 합니다. 어른 아이 할 것 없이 누구나 살다 보면 한번 먹은 마음이 바뀔 때가 있어요. 하지만 너무 심하다 싶을 만큼 변덕을 부리는 사람도 얼마든지 있습니다.

'변덕이 죽 끓듯 한다.'

이 속담은 마음이 종잡을 수 없을 만큼 심하게 바뀔 때 쓰는 속담입니다. 이랬다저랬다 사과를 자꾸 바꾸는 동생한테 쓰면 알맞은 속담이지요. 그런데 어째서 변덕이 '죽 끓듯' 한다고 그

랬을까요? 그건 죽을 끓일 때 열이 어떻게 전달되는지를 보면 까닭을 알 수 있답니다.

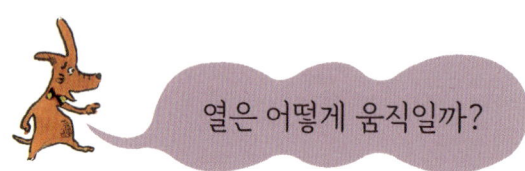

## 열은 어떻게 움직일까?

누구라도 몸살감기에 걸리면 몸이 뜨거워집니다. 그때 어른들은 여러분 이마에 손을 얹고 '열'이 있다고 말씀하시지요? 이처럼 열이 뭔지는 누구나 알고 있습니다.

그런데 과학자들이 쓰는 열하고 우리가 흔히 쓰는 열은 조금 다릅니다. 과학자들은 어떤 물체의 뜨거운 정도를 말할 때 '온도'라는 말을 쓰거든요. 아마 과학자들이라면,

"열이 있군요."

대신에,

"체온이 높군요."

할 것입니다.

체온이란 '몸의 온도'를 말합니다. 그렇다면 과학자들이 말

하는 열이란 무엇일까요? 그것은 온도가 높은 물체에서 낮은 물체로 이동하는 '에너지'를 말합니다. 좀 어렵다고요? 그럼 열을 눈에 보이는 물에 비유해서 쉽게 설명해 볼게요.

물이 담긴 유리 그릇 두 개가 있습니다. 물의 높이는 (가) 쪽이 높고, 물의 양은 (나) 쪽이 많습니다. 이 유리 그릇을 그림처럼 연결하면 물이 어느 쪽으로 흐를까요?

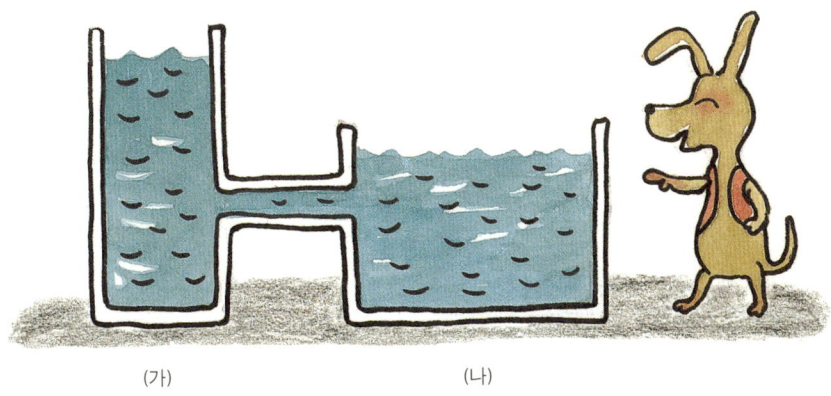

(가)             (나)

물은 분명히 (가)에서 (나)로 흐릅니다. 물은 많은 쪽에서 적은 쪽으로 흐르는 것이 아니라, 높은 쪽에서 낮은 쪽으로 흐르기 때문이에요. 물론 물은 높이가 같아지면 더 이상 흐르지 않습니다.

자, 그럼 물의 높이를 온도, 물의 양을 열이라고 생각해 봐요. 열도 많은 쪽에서 적은 쪽으로 흐르는 게 아니라, 온도가 높은 쪽에서 낮은 쪽으로 흐릅니다. 열이 (가)에서 (나)로 흐르면, (가)의 온도는 낮아지고 (나)의 온도는 높아집니다. 열은 두 물체의 온도가 같아질 때까지 이동할 거예요.

이처럼 온도가 다른 두 물체 사이에서는 열이 이동합니다. 위에서는 이해하기 쉽도록 열을 물에 빗대어 설명했지만, 열과 물의 이동 방식은 좀 다르답니다. 열은 '전도'와 '대류'와 '복사'라는 세 가지 방식으로 이동하거든요.

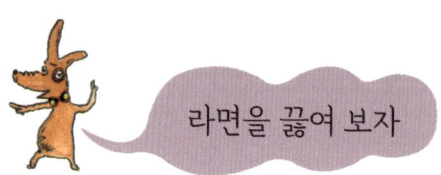

라면을 끓여 보자

쇠젓가락으로 펄펄 끓는 라면을 휘젓다 보면 젓가락이 점점 뜨거워집니다. 젓가락 온도가 높아졌기 때문이지요. 뜨거운 것은 라면인데 어째서 젓가락이 뜨거워진 걸까요?

이유는 간단합니다. 쇠는 열을 잘 전달하기 때문이에요. 뜨거운 라면 국물에서 나오는 열이 젓가락을 지나 손으로 옮겨 간 것입니다. 이처럼 열이 어떤 물체에서 다른 쪽으로 전달되는 것을 '전도'라고 합니다. 쇠에 비해 나무는 열을 잘 전달하지 못하기 때문에 라면을 끓여 먹을 때 나무 젓가락을 쓰면 손이 뜨거워지지 않아요.

자, 펄펄 끓인 라면을 상 위에 올려놓았습니다. 너무 뜨거워서 먹기가 쉽지 않군요. 하지만 뜨거운 라면은 시간이 흐르면서 점점 식어 갑니다. 그럼 라면의 열은 어디로 가는 걸까요?

뜨거운 라면은 근처에 있는 공기를 데웁니다. 라면에서 나오는 열이 공기로 옮겨 가는 것이지요. 따뜻하게 데워진 공기는 위쪽으로 올라갑니다. 그럼 주변에 있던 찬 공기가 다시 라면 근처로 몰려들어요. 이처럼 열이 공기 같은 기체나 물 같은 액체에 실려 이동하는 것을 '대류'라고 합니다. 방 안 공기나 목욕탕 물은 대류에 의해서 골고루 따뜻해지지요.

지구에 사는 모든 생물체는 해에서 나오는 열을 받고 살아갑니다. 그런데 해와 지구 사이에는 열을 전달해 주는 물질이 하나도 없어요. 그럼 해에서 나오는 열은 어떻게 먼 지구까지 전달되는 것일까요?

물체를 뜨겁게 달구면 빛이 나옵니다. 빛은 공기 같은 물질이 없어도 먼 곳까지 전달됩니다. 또 빛을 쬐면 따뜻해집니다. 빛이 열을 전달하기 때문이지요. 이처럼 빛에 실려 열이 이동하는 것을 '복사'라고 합니다. 햇볕을 받으면 따뜻해지는 것은 해의 열이 햇볕을 통해 우리 몸으로 전달되기 때문이거든요.

죽 끓는 걸 보니까

이제 열이 어떻게 이동하는지 살펴봤으니까 이번에는 죽을 끓일 때 어떤 일이 벌어지는지 자세히 알아볼까요?

냄비 안의 물을 끓이면 바닥부터 뜨거워지기 시작합니다. 뜨거워진 바닥 물은 위쪽으로 올라갑니다. 이런 대류 덕분에 냄비에 든 물 전체가 점점 뜨거워지는 것이지요. 그런데 물의 온도는 어느 정도 높아지면 더 이상 올라가지 않습니다. 그때부터는 물이 수증기가 되어서 날아가기 시작하거든요. 물에 거품이 생기면서 보글보글 끓는 것이지요.

죽을 끓일 때에도 이와 비슷한 일이 일어납니다. 그런데 여러분도 잘 아는 것처럼 죽은 물보다 훨씬 걸쭉합니다. 그래서 뜨거워진 물은 쉽게 위쪽으로 이동하지만, 죽은 더디게 이동하지요. 또 물의 거품은 금세 터지기 때문에 자잘한 모양이 생기지만, 죽의 거품은 잘 터지지 않기 때문에 제법 큼직하게 생긴답니다.

　죽이 끓을 때 위쪽 면을 잘 보세요. 뜨겁게 데워진 뒤 잔잔하던 표면이 갑자기 부글거리기 시작합니다. 다시 잠잠해지나 했더니 금세 또 부글거리지요.

　자, 어떻게 그런 속담이 나왔는지 이제 알겠지요? 옛 사람들은 변덕쟁이 마음을 이처럼 종잡을 수 없이 부글거리며 끓는 죽에 빗댄 것이었어요.

## 5 낮말은 새가 듣고 밤말은 쥐가 듣는다

혹시 가장 친한 친구한테 자기 약점을 말하거나 들켜 본 적 있어요? 아침에 일어났는데 이불이 오줌으로 축축했다든가, 몰래 코딱지를 떼다가 짝꿍한테 들켰다든가 하는 부끄러운 이야기들 말입니다. 비밀이라고, 절대로 말하면 안 된다고 다짐을 받아 두었지만, 언제 소문이 퍼졌는지 모르는 친구가 없을 때가 있어요. 그러고 보면 세상에 비밀은 없나 봅니다. 아무도 못 듣게 속닥속닥 이야기해도 대부분 소문이 나니까요.

그럴 때면 참 궁금해집니다.

'틀림없이 아무도 못 들었는데, 도대체 어떻게 소문이 났지? 내 친구가 소문냈을 리는 없고, 혹시 나뭇가지에 앉아 있던 새가 엿들었나? 아니면 구멍에 숨어 있던 쥐가 엿들었나?'

괜히 답답해져서는 이런 의심만 몽글몽글 솟지요.

'낮말은 새가 듣고 밤말은 쥐가 듣는다.'

옛날 사람들은 언제나 말조심을 해야 한다는 뜻에서 이 속담을 만들었답니다. 물론 새나 쥐가 사람 말을 알아들을 수는 없지요. 그렇다면 낮말과 새, 밤말과 쥐는 아무런 연관이 없는 걸까요?

사람의 생각이나 느낌 따위를 전달하는 소리를 '말'이라고 합니다. 그러니까 말은 소리의 하나인 셈이에요. 우리들 목구멍 안에는 '성대'라고 하는 얇은 막이 한 쌍 있습니다. 우리가 말을 하면 성대가 울리면서 주변 공기를 떨게 하지요. 이 공기의 떨림을 '음파(소리의 파동)'라고 합니다. 음파는 공기를 통과해서 다른 사람의 귀로 들어가게 되지요.

귓속에는 얇은 막으로 된 '고막'이라는 기관이 있습니다. 귓속으로 들어온 음파가 고막을 떨게 하면 그 신호가 신경을 지나 뇌로 전달됩니다. 뇌에서는 그 신호를 분석해서 소리의 뜻, 그러니까 말을 이해하게 되는 거예요. 좀 더 정확하게 따져 보면 '소리'하고 '음파'는 분명히 다르답니다. 하지만 보통 같은 뜻으로 쓰기도 하거든요. 여기에서도 소리하고 음파를 모두 '소리'라고 하겠습니다.

소리는 공기 속에서 일정한 속도로 곧게 나아갑니다. 소리가 곧게 나아간다고 해서 야구공이 곧게 나아가는 모습을 상상하면 안 돼요. 잔잔한 연못에 작은 돌을 하나 떨어뜨렸다고 생각해 보세요. 둥근 물결이 일정한 사이를 두고 퍼져 나갑니다. 이 둥근 물결은 점점 커지면서도 일그러지지 않습니다. 곧게 나아가는 소리를 눈으로 볼 수 있다면, 아마 [그림 1] 같은 모습을 하고 있을 거예요. 그런데 소리가 언제나 곧게 나아가는 것은 아니랍니다. 왜냐 하면 소리의 속도는 조건에 따라 달라지기도 하거든요.

〔그림 1〕

① 낮은 곳과 높은 곳의 기온이 같습니다.

② 소리는 사방으로 곧게 퍼져 나갑니다. 동그란 원은 퍼져 나가는 음파를 나타냅니다. 원의 간격은 같은 시간 동안 나아간 소리의 거리를 뜻합니다.

③ 소리(1)이 (가)에서 (나)로 가는 동안 소리(2)도 (가)에서 (나)까지 같은 거리를 갑니다.

④ 원의 간격이 언제나 같습니다. 속도가 같기 때문에 소리는 사방으로 곧게 나아갑니다.

그럼 소리는 공기 속에서만 전달될까요? 물론 아니지요. 소리는 공기뿐만 아니라 물이나 나무, 돌, 쇠 같은 거의 모든 물질이 전달합니다. 소리를 전달하는 물질을 좀 어려운 말로 '매질'이라고 하는데요, 소리의 속도는 매질의 상태에 따라 조금씩 달라집니다.

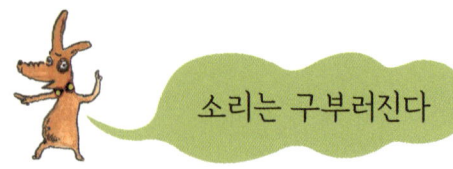

## 소리는 구부러진다

소리의 속도는 밀도가 높은 물질에서 더 빨라집니다. 예를 들어 볼까요? 공기보다는 물 같은 액체에서 더 빠르고, 쇠 같은 고체에서는 더욱 빨라지거든요. 나무 책상이나 쇠 철봉에 귀를 대고 두드려 보면 소리가 더 크게 들리는 것도 바로 이 때문이에요.

또 소리의 속도는 공기의 온도에 따라 달라지기도 한답니다. 기온이 높을수록 빨라지고, 기온이 낮을수록 느려지는 것이지요. 그 까닭은 뭘까요?

답은 간단합니다. 공기 분자는 한 곳에만 가만히 있는 게 아니라 이리저리 날아다니면서 서로 부딪치기도 하거든요. 공기 분자는 기온이 따뜻할수록 빠르게 움직이는데, 이 때문에 소리를 더욱 빠르게 전달할 수 있는 것이랍니다. 차가운 공기는 그와 반대가 되겠지요.

한낮에는 땅이 햇볕을 받아 따뜻해집니다. 따뜻해진 땅은 근처에 있는 공기부터 데우기 시작하겠지요. 그러니 땅 근처의 기온은 점점 높아지고, 위로 올라갈수록 기온은 낮아집니다. 그래서 소리의 속도는 땅 근처에서는 빠르고 위로 올라갈수록 느려집니다.

낮 동안 햇볕을 받아 따뜻해진 땅은 밤이 되면 식기 시작합니다. 땅은 공기보다 빨리 식어요. 차가워진 땅은 당연히 근처에 있는 공기부터 식히기 시작하겠지요? 그래서 땅 근처의 기온은 점점 낮아지고 위로 올라갈수록 기온이 점점 따뜻해집니다. 그러니 소리의 속도는 땅에서 위로 올라갈수록 점점 빨라지게 되지요. 소리의 이러한 특성 때문에 낮과 밤에 따라 소리의 전달 방식이 달라지는 것이랍니다.

햇볕이 쨍쨍 내리쬐는 한낮에 소리를 내면서 달리는 버스가 있습니다. 이 버스가 내는 소리는 사방으로 퍼져 나가겠지요? 그런데 땅바닥 근처에서 나는 소리는 빠르고 위로 올라갈수록 점점 느려지면 어떤 일이 벌어질까요?

소리는 따뜻한 곳에서 차가운 쪽으로 구부러지기 때문에 버스 소리는 [그림 2]처럼 점점 위로 구부러집니다. 낮에 아파트

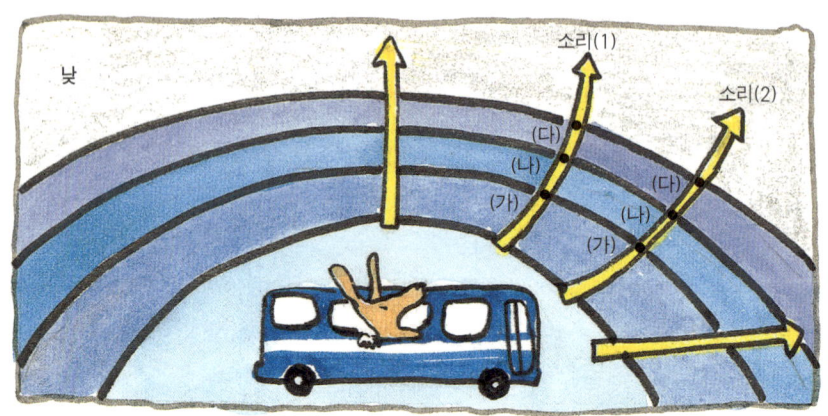

〔그림 2〕

고층에서 들리는 소음이 더 심한 것도 바로 이 때문이에요. 반대로 밤에는 버스 소리가 [그림 3]처럼 점점 아래로 구부러집니다. 낮에는 잘 들리지 않던 먼 기차 소리가 밤에 잘 들리는 것은 바로 이 때문이지요.

① 위로 올라갈수록 기온이 낮아집니다.

② 소리는 사방으로 퍼져 나갑니다.

③ 땅에서 수직으로 올라가는 소리는 위로 갈수록 속도가 느려집니다. 그래서 원의 간격이 점점 좁아집니다.

④ 땅에 수평인 소리는 기온이 같기 때문에 소리의 속도가 일정합니다. 그래서 원의 간격이 일정합니다.

⑤ 소리(1)이 간 거리 (가)~(나)는 같은 시간 동안 소리(2)가 간 거리 (가)~(나)보다 짧습니다. 또 소리(1)이 간 거리 (나)~(다)는 같은 시간 동안 소리(2)가 간 거리 (나)~(다)보다 짧습니다. 그래서 소리(1)과 소리(2)는 앞으로 나아가면서 점점 위로 구부러집니다.

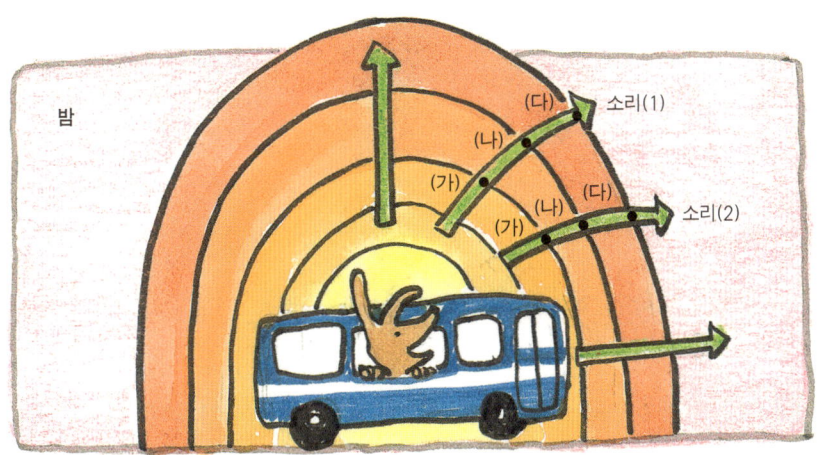

[그림 3]

① 위로 올라갈수록 기온이 높아집니다.

② 소리는 사방으로 퍼져 나갑니다.

③ 땅에서 수직으로 올라가는 소리는 위로 갈수록 속도가 빨라집니다. 그래서 원의 간격이 점점 넓어집니다.

④ 땅에 수평으로 퍼지는 소리는 기온이 같기 때문에 소리의 속도가 일정합니다. 그래서 원의 간격이 일정합니다.

⑤ 소리(1)이 간 거리 (가)~(나)는 같은 시간 동안 소리(2)가 간 거리 (가)~(나)보다 깁니다. 또 소리(1)이 간 거리 (나)~(다)는 같은 시간 동안 소리(2)가 간 거리 (나)~(다)보다 깁니다. 그래서 소리(1)하고 소리(2)는 앞으로 나아가면서 점점 아래로 구부러집니다.

말 한 마디로 천 냥 빚을 갚는다

새들은 나뭇가지에 앉아 있거나 공중을 날아다닙니다. 또 쥐들은 주로 구멍에 숨어 있거나 땅을 기어다니지요. 낮말은 공중으로 구부러지니까 새들이 잘 듣고, 밤말은 땅 쪽으로 구부러지니까 쥐한테 더 잘 들리겠지요? 그러고 보면 '낮말은 새가 듣고 밤말은 쥐가 듣는다'는 속담이 과학적으로도 잘 들어맞는 것 같습니다. 하지만 여기서 좀 더 생각해 보아야 할 게 있어요. 이 속담이 정말 소리의 이러한 특성 때문에 만들어진 걸까요?

요즘은 도시에서 쥐를 보기가 쉽지 않습니다. 하지만 옛날에는 집 안에도 쥐가 많이 살았어요. 쥐들은 주로 밤에 여기저기 돌아다니면서 활동을 합니다. 밤이 되면 몰래 부엌에 들어와 사람이 먹고 남긴 음식을 훔쳐 먹기도 했거든요. 여러분 부모님한테 여쭤 보면 잘 아실 거예요. 이삼십 년 전만 하더라

도 밤이 되면 천장에서 쥐들이 우당탕거리는 소리를 자주 들을 수 있었으니까요. 그럼 새들은 어떤가요? 올빼미 같은 새들은 주로 밤에 움직인다지만, 대부분의 새들은 낮에 활동합니다. 지금과는 달리 옛날에는 집 근처에서도 얼마든지 새들을 볼 수 있었어요.

눈에는 잘 보이지 않지만, 낮에는 새가 나뭇가지에 숨어 있고, 밤에는 구멍 속에 쥐가 숨어 있습니다. 옛날 사람들은 낮이건 밤이건 가리지 말고 그만큼 말조심을 하라는 뜻에서 이 속담을 만든 거예요. '말 한 마디로 천 냥 빚을 갚는다'는 속담도 있잖아요.

어쨌든 이 속담이 낮과 밤의 기온에 따라 어떻게 소리 전달 방식이 달라지는지 잘 설명해 주고 있다는 것은 틀림없답니다. 속담 속에는 우리 겨레가 수천 년 동안 살아오면서 쌓아 온 생활의 지혜가 고스란히 녹아들어 있는 것이니까요. 혹시 옛날 사람들도 기온에 따라 소리가 다르게 전달된다는 사실을 알고 있었던 것은 아닐까요?

# 6 고양이가 발톱을 감춘다

　예나 지금이나 티 내지 않으면서도 유난히 공부를 잘하는 친구가 있습니다. 남들 놀 때 같이 놀고, 운동할 때 운동하고, 재미있는 게임도 누구 못지않게 잘하면서 말입니다.

　그리고 보면 밤새워 공부했다고 큰소리치다가 시험을 망치는 친구들하고는 많이 다릅니다. 머리가 좋아서라기보다는 남이 안 보는 데서 노력하고 또 노력한 대가겠지요. 물론 한창 자라는 여러분한테는 공부가 가장 중요한 건 아니랍니다.

　'고양이가 발톱을 감춘다.'

　이 속담이 가진 속뜻은, 정말 재주 있는 사람은 자신의 능력을 함부로 드러내지 않는다는 것이랍니다. 티 내지 않고 열심히 공부하는 친구들에게 잘 어울리는 속담이지요. 그런데 고양이가 발톱을 감춘다는 게 정말일까요? 그렇다면 고양이는 왜 발톱을 감추는 걸까요?

스포츠 운동화를 신은 호랑이

　고양이하고 개는 아주 옛날부터 사람과 함께 살아온 짐승입니다. 쥐를 잘 잡는 고양이를 '도둑 잡는 포졸'이라 했고, 곡식이나 과일, 또는 누에를 지키려고 많이들 길렀지요. 고양이는 옛날 사람들의 민화에도 많이 나옵니다.

어떤 사람들은 덩치가 작다고 고양이를 우습게 보기도 합니다. 하지만 고양이야말로 세상에서 가장 강하고 용맹스러운 동물이에요. 물론 여기서 말하는 고양이는 우리가 집에서 기르는 고양이를 두고 하는 말은 아닙니다. 고양이 사촌인 호랑이를 말하는 것이지요.

호랑이하고 고양이는 생김새만 비슷한 게 아니라 아주 가까운 사이랍니다. 사자, 호랑이, 표범, 스라소니, 고양이들은 모두 고양잇과에 속하는 동물이거든요. 그러니 생김새는 물론 사는 모습이나 습성도 비슷한 게 아주 많습니다.

고양잇과 동물의 특징은 몸이 유연하고 이빨과 발톱이 아주 날카롭다는 것입니다. 그리고 사냥의 명수들이기도 하지요. 호랑이의 사냥 장면을 생각해 보세요. 숲 속에서 몸을 감추고 소리 없이 살금살금 먹이를 향해 다가갑니다. 어느 정도 거리가 좁혀지면 날쌔게 달려가 강한 앞발로 상대를 내려치지요. 그러고는 무시무시한 이빨로 목덜미를 물어 숨통을 끊어 놓습니다. 그런데 어떻게 조금도 소리를 내지 않고 걸을 수 있냐고요? 그 비밀은 바로 고양잇과 동물이 가지고 있는 특별한 발바닥에 있어요.

고양잇과 동물의 발바닥에는 부드럽고 탄력 있는 살이 두툼하게 솟아 있습니다. 고양잇과 동물은 신발로 따지면 바닥이 딱딱한 구두가 아니라 푹신푹신하고 탄력 있는 운동화를 신은 셈입니다.

더구나 이들은 먹이를 사냥할 때가 아니면 발톱을 웅크려

갯과 발자국

고양잇과 발자국

살 속에 파묻고 다닙니다. 그러니 돌이나 나뭇가지를 밟아도 거의 소리가 나지 않아요. 날카로운 발톱이 뭐에 걸리거나 하는 일도 거의 생기지 않습니다. 고양이가 소리 없이, 그것도 아주 재빠르게 다닐 수 있는 것은 바로 이 때문이에요. 고양잇과 동물의 이런 발바닥은 발자국을 통해 동물의 종류를 밝혀 내는 데도 큰 도움이 된답니다.

우리나라의 대형 고양잇과 동물로는 호랑이하고 표범을 들 수 있습니다. 호랑이는 '범'이라고도 하는데, 보통 몸길이 2m에 몸무게가 200kg이나 되는 대형 육식 동물이지요. 호랑이 몸에는 검은색 줄무늬가 있고, 표범 몸에는 동그란 무늬가 박혀 있습니다. 그런가 하면 표범은 호랑이보다 몸이 훨씬 가늘어서 몸무게는 절반밖에 나가지 않아요. 호랑이와 표범은 예로부터 용맹스럽고 신령스런 동물로 알려져 왔고, 옛 그림이나 이야기에도 많이 나옵니다.

그런데 우리나라에서는 이제 호랑이와 표범을 볼 수 없게 되었습니다. 사람들이 마구잡이로 사냥을 해 댔기 때문이에요. 하지만 최근 들어서 산 속에서 표범을 보았다는 소식이 가끔 들려옵니다. 1970년대 이후 남한에서는 멸종되었다는 표범이 산속 어딘가에 살아남은 걸까요?

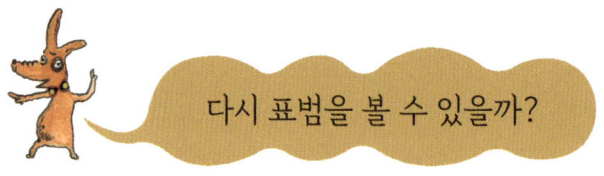
다시 표범을 볼 수 있을까?

2004년 9월, MBC에서 방영한 〈한국의 표범〉이라는 자연 다큐멘터리 내용입니다.

국립공원관리공단의 반달가슴곰 관리팀은 2003년 여름, 발바닥 지름이 6cm나 되는 커다란 동물 발자국을 발견했습니다. 관리팀은 그때 찍은 발자국 사진을 러시아의 표범 전문가인

'세묘드킨 이반'에게 보였어요. 사진을 살핀 이반은 이 발자국이 표범 것이 틀림없다고 대답했답니다. 스라소니 발자국하고 비슷해 보이긴 했지만, 그렇게만 보기에는 발자국이 너무 크다는 것이지요.

그럼 혹시 커다란 개 발자국은 아니었을까요?

그렇지는 않습니다. 사진 속 발자국에는 발톱 자국이 없었거든요. 늑대나 여우, 개 같은 갯과 동물은 발톱을 항상 내놓고 걷기 때문에 발자국에 발톱 자국이 남기 마련입니다. 하지만 표범 같은 고양잇과 동물은 보통 발톱을 숨기고 걷기 때문에 발톱 자국이 찍히지 않는답니다.

어쨌든 우리나라에서는 사라진 줄 알았던 표범이 아직 살아 있다니 반가운 일이 아닐 수 없습니다. 이제 한국 표범의 모습을 볼 날도 얼마 남지 않았을지 모르니까요.

한국 표범을 최초로 발견하게 될 사람은 누구일까요? 이 글을 읽고 있는 여러분도 그 주인공이 될 수 있을 거예요. 그렇게 되려면 고양이가 발톱을 감추듯, 남이 안 보는 데서도 제 할 일을 다 하는 친구가 되어야겠지요?

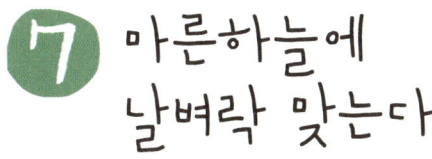

수업이 끝나 즐거운 마음으로 교실을 나섰습니다. 누가 부르는 것 같아서 운동장 쪽을 보았는데 갑자기 꽝, 하더니 하늘이 노래졌습니다. 어찌 된 일인지 정신을 차려 보니까 축구공이 날아와 얼굴을 때린 것이었어요. 거참, '마른하늘에 날벼락 맞는다'더니 이게 뭡니까? 코에서는 코피가 줄줄 흐르고…….

마른하늘이란 비가 오지 않는 하늘을 말합니다. 날벼락은 생벼락이라고도 하는데, 생생한 벼락을 말하지요.

'마른하늘에 날벼락 맞는다.'

이 속담은 생각지도 못한 뜻밖의 재앙을 만났을 때 쓰는 속담입니다. 벼락이라면 먹구름이 잔뜩 끼고 비가 억수로 오는 날에만 치는 줄 알았는데, 어떻게 빗방울 하나 떨어지지 않는 맑은 하늘에서 벼락이 칠 수 있는 걸까요?

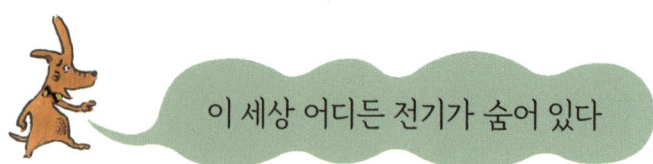

이 세상 어디든 전기가 숨어 있다

세상의 모든 물체는 '전기'를 띠고 있습니다. 다만 '음전기'

와 '양전기'를 같은 양만큼 품고 있기 때문에 겉으로는 전기를 띠지 않은 것처럼 보일 뿐이지요.

이처럼 어떤 물체가 품고 있는 전기를 '정전기'라고 합니다. 정전기란 흐르지 않고 한 곳에 머물러 있는 전기라는 뜻이에요. 그런데 두 가지 물체를 문지르면 한 물체에서 다른 물체로 음전기 또는 양전기가 이동합니다. 그 결과 두 물체는 전기를 띠게 되지요.

자, 플라스틱 책받침을 머리카락에 문질러 봅시다. 머리카락의 음전기 일부가 책받침으로 이동하기 때문에 책받침은 음전기를 띠고, 머리카락은 양전기를 띱니다. 그래서 책받침과 머리카락이 서로 끌리게 되고 머리카락이 책받침에 붙어 곤두서게 되지요.

양전기와 음전기를 잔뜩 머금은 두 물체가 어느 정도 가깝게 다가서면, 불꽃이 튀면서 두 물체의 정전기가 한꺼번에 방출됩니다. 이런 현상을 '방전'이라고 하지요. 털옷을 벗을 때 타닥타닥하면서 불꽃이 튀는 것은 털옷의 정전기가 방전되기 때문이에요.

정전기는 우리 둘레 곳곳에 숨어 있습니다. 구름도 정전기가 많이 숨어 있는 곳 가운데 하나예요. '적란운'은 다른 구름보다 정전기를 더 많이 머금고 있답니다.

구름과 구름 사이에서 정전기가 방전되는 현상이 '번개'입니다. 구름과 땅 사이에서 정전기가 방전되는 현상은 '벼락'이라고 하지요. 흔히 벼락은 하늘에서 땅으로 내리치는 것으로 알고 있습니다만, 벼락은 구름과 땅에서 음전기와 양전기가 서로 오가면서 일어납니다. 다음 그림을 보면서 벼락이 어떻게 내리치는지 알아봐요.

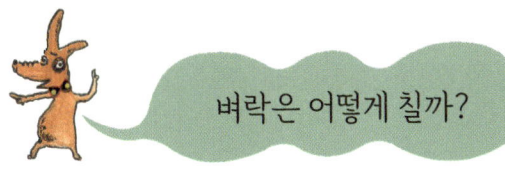

벼락은 어떻게 칠까?

(1) 적란운 아래쪽에는 음전기, 위에는 양전기가 모입니다. 땅에는 양전기가 모이지요. (2) 먼저 적란운 아래쪽 음전기가 넘쳐흘러서 땅으로 내려오기 시작합니다. (3) 그 음전기에 끌려서 땅의 높은 곳에서 양전기가 위로 올라가기 시작합니다. (4) 둘이 만나면 구름에서 갑자기 많은 음전기가 쏟아져 내려옵니다. (5) 번개가 한 번 칠 때마다 음전기가 내려오고 다시 양전기가 올라가는 일이 여러 번 되풀이됩니다. 이런 일이 순식간에 일어나기 때문에 우리 눈에는 벼락이 번쩍이는 한 줄

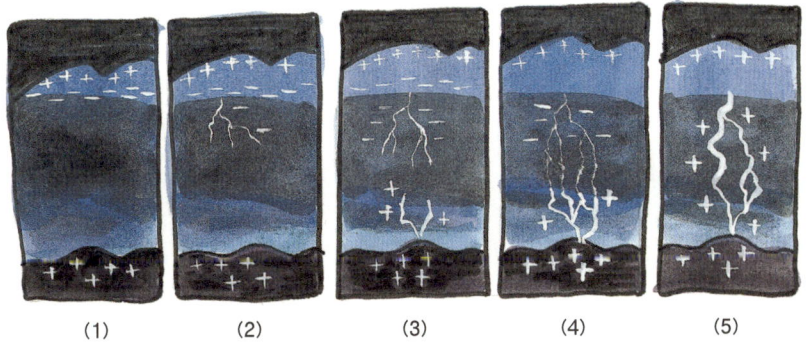

(1)  (2)  (3)  (4)  (5)

한꺼번에 많은 전기가 흐르며 불꽃이 튀는 현상을 불꽃 방전이라고 한다. 방전이란 전기를 내보낸다는 뜻이다. 번개는 구름과 구름, 또는 구름과 땅 사이에서 일어나는 불꽃 방전이다. 구름과 땅 사이에서 일어나는 불꽃 방전을 벼락이라고도 한다.

기 빛으로만 보이지요.

 적란운은 비를 몰고 다니기 때문에 '소나기구름'이라고도 합니다. 여름에 많은 비를 내리는 구름이 바로 이 적란운이에요. 번개나 벼락이 주로 비가 오는 날에 많이 치는 것은 바로 이때문이랍니다.

그런데 적란운 아래쪽 공기가 아주 건조할 때가 있어요. 이때는 적란운에서 떨어진 빗방울이 땅에 닿기도 전에 말라 버립니다. 그러니 비가 내리지 않는 것이지요. 물론 비가 내리지 않아도 적란운에서는 번개와 벼락이 칠 수 있습니다. 이때 치는 번개와 벼락을 '마른번개', '마른벼락'이라고 하는 거예요. '마른하늘에 날벼락'이란 바로 이 마른벼락을 말한답니다.

그런데 벼락이라고 해서 꼭 위에서 아래로 내리치는 것은 아니에요. 적란운에서 약 10km나 옆으로 빗겨 내리치는 벼락도 있으니까요. 내가 서 있는 하늘은 맑은데, 약 10km 떨어진 곳의 적란운에서 벼락이 내리치기도 하는 것입니다. 이처럼 파란 하늘에서 내리치는 벼락을 '청천벽력'이라고 합니다만, 청천벽력과 마른벼락을 구별하지 않고 쓰기도 한답니다. 어쨌든 비도 오지 않고 하늘도 맑은데 이런 벼락을 맞는다면, 그야말로 '마른하늘에 날벼락'이 아닐 수 없겠지요.

벼락은 아주 위험한 전기입니다. 전 세계에서 1년 동안 약

1000명이나 되는 사람이 벼락에 맞아 죽는다니까요. 우리나라에서는 열 명쯤 된다고 하는군요.

물론 대부분은 비 오는 날 벼락에 맞습니다. 하지만 날씨가 건조할 때 벼락이 내리치면 불이 날 수도 있기 때문에 마른벼락의 피해도 크다고 합니다. 실제로 미국 서부에서는 마른벼락이 산불을 내는 원인 중 하나라고 하지요.

번개가 치고 천둥 소리가 요란하면 어떻게 해야 할까요? 높은 곳에 있다면 빨리 낮은 곳으로 내려와야 하고, 나무처럼 높은 물체가 곁에 있으면 되도록 멀리 떨어져야 합니다. 또 금속처럼 전기가 잘 통하는 물질을 지니고 있으면 안 되겠지요? 건물 안에서 안전하게 벼락을 피하는 것이 가장 좋은 방법입니다.

천둥 소리만 들리고 비는 오지 않는다고 마음을 놓아서도 안 될 거예요. 운이 나쁘면 마른벼락을 맞을 수도 있으니까요. 그렇다고 걱정할 필요는 없답니다. 평소에 조금만 조심하면 마른하늘에 날벼락 맞는 일을 없을 테니까요.

# 8 새벽달 보려고 초저녁부터 기다린다

제 아이가 초등학교 2학년 때 일로 기억합니다. 선생님이 내준 숙제가 달 관측이라며 해가 지자마자 밖으로 나가자고 했어요. 무심코 아이를 쫓아 나가기는 했지만 하늘을 아무리 살펴보아도 달은 보이지 않았습니다.

어쩔 수 없이 집으로 돌아와 달력을 보니 그날은 음력 26일이었어요. 그렇다면 그날은 그믐날이니, 다음 날 새벽이나 되어야 달이 뜨는 것입니다.

'새벽달 보려고 초저녁부터 기다린다.'

　새삼 그날 겪은 일을 떠올려 보니 이번 속담하고 딱 들어맞는군요. 이 속담에는 어떤 일을 너무 일찍 서두른다는 뜻이 담겨 있습니다. 무슨 일이든 서둘러서 하려고 들면 그르치기 십상이라는 뜻이지요.

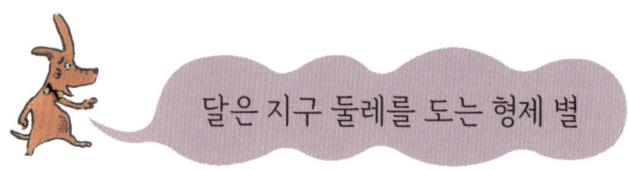

달은 지구 둘레를 도는 형제 별

　해는 아침에 떠서 저녁에 집니다. 그런데 달은 뜨는 시간하고 지는 시간이 늘 다를 뿐 아니라 모양도 달라집니다. 어떤 때는 초저녁에 잠시 보이다 금세 지고, 어떤 때는 해가 지면 떠서 밤새도록 밤하늘을 가로지릅니다. 또 어떤 때는 새벽에 잠시 보이다 해가 뜨면 사라지고 말지요.

어떻게 이런 일이 생기는 걸까요? 속담에서 말하는 새벽달이란 어떤 달을 말하는 걸까요? 음력과 달의 모양, 그리고 달이 뜨는 시간 사이에는 어떤 관계에 있을까요? 아마 여러분이 해와 달, 그리고 지구의 운동을 머릿속에 그릴 수 있다면 이 모든 궁금증이 시원하게 풀릴 것입니다.

달은 지구 둘레를 도는 형제 별(위성)입니다. 그만큼 가깝기 때문에 달은 하늘에서 해 다음으로 밝게 빛나지요. 해는 스스로 빛을 내지만, 달은 햇빛을 반사해서 빛을 냅니다.

자, 보세요. 달은 둥글기 때문에 달의 반쪽은 언제나 햇빛을 받습니다. 우리 눈에 햇빛이 비치는 달의 반쪽이 모두 들어온다면 달은 둥근 보름달이 되는 거예요. 하지만 달이 어디에 있느냐에 따라서 보이는 부분이 달라지기도 한답니다. 당연히 달의 모양이 조금씩 바뀌는 것이지요.

달의 모양이 바뀌기 시작해서 다시 원래의 모양을 찾기까지는 약 29.5일이 걸립니다. 옛날 사람들은 이런 달의 모양 변화를 기준으로 달력을 만들었어요. 그래서 음력 날짜를 알면 그 날 달의 모양을 알 수 있습니다. 이런 달력을 '음력'이라고 하는데, 음력에서는 한 달이 29일 또는 30일이지요.

지금 여러분들 집에는 양력을 기준으로 만든 달력이 걸려 있을 것입니다. 양력은 해의 움직임을 기준으로 만든 달력이에요. 그 달력의 커다란 날짜 숫자 밑에 쓰여 있는 작은 숫자가 바로 음력 날짜입니다. 음력과 달의 모양, 그리고 달이 뜨고 지는 시간이 어떤 관계에 있는지 그림을 보면서 알아보지요.

우리가 보름달을 보고 있으면 해는 우리 뒤통수에 있는 셈이다.

오늘은 음력으로 며칠일까?

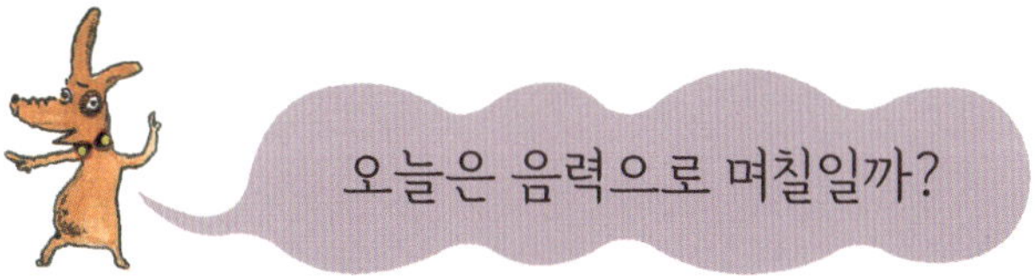

달이 ①의 위치에 있을 때를 '음력 초하루'라고 합니다. 달이 해와 같은 쪽에 있기 때문에 우리가 보는 달의 앞부분에는 햇

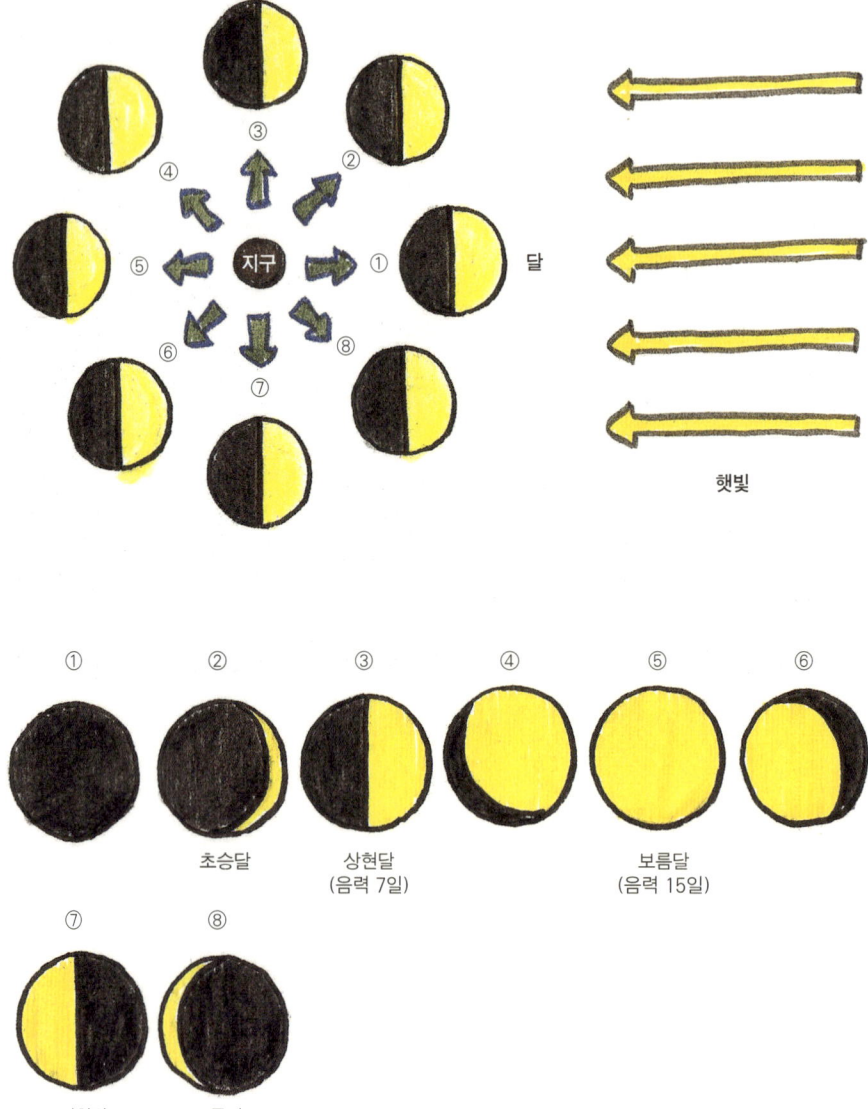

빛이 닿지 않습니다. 그래서 달이 거의 보이지 않습니다. 달은 그저 아주 가느다란 눈썹처럼 보일 뿐이지요.

②의 위치에 있는 달을 '초승달'이라고 합니다. 달의 오른쪽 아랫부분이 아주 가늘게 보이지요. 해를 기준으로 보았을 때 초승달이 어느 쪽에 있는지 마음속으로 생각해 봐요. 어때요, 해에서 약간 왼쪽에 있는 초승달 모습이 머릿속에 그려지나요?

초승달은 해를 뒤따라갑니다. 해가 뜨고 조금 지나면 초승달이 뜨지요. 낮 동안에는 햇빛이 너무 눈부시기 때문에 볼 수는 없어요. 해가 서쪽 지평선으로 지고 나면, 그제야 서쪽 하늘에서 낮게 뜬 초승달이 보이기 시작합니다. 그러다 몇 시간이 지나면 초승달도 서쪽 지평선으로 지고 말아요. '초승달은 잰 며느리가 본다'는 속담이 있습니다. 초승달은 초저녁에만 잠깐 보이기 때문에 서두르지 않으면 볼 수 없다는 뜻이지요. 아마 밤 9시나 10시가 지나면 초승달을 볼 수 없을 거예요. 그러니 초승달에게 다른 이름을 붙인다면 아마 '저녁달'이 될 것입니다.

③의 위치에 있는 달을 '상현달'이라고 합니다. 보통 '반달'

이라고도 하지요. 상현달은 해의 왼쪽으로 90도 떨어진 곳에 있습니다. 시간으로 따지면 6시간쯤 되지요. 해가 뜨고 나서 6시간쯤 지나면 상현달이 뜬다는 뜻입니다. 상현달도 낮에는 햇빛 때문에 보이지 않아요. 오후 6시쯤 해가 지고 나면 남쪽 하늘 높이 뜬 상현달이 보이기 시작합니다. 그러다 밤 12시쯤 되면 상현달도 서쪽 지평선 너머로 지고 말지요.

⑤의 위치에 있는 달을 '보름달'이라고 합니다. 보름달은 달이 해와 정반대 쪽에 있는 거예요. 보름달을 보고 있으면 해는 우리 뒤통수 쪽에 있는 셈이 되지요. 해와 보름달은 마치 시소의 양끝과 같답니다. 해가 뜨면 보름달이 지고, 해가 지면 보름달이 뜨니까요. 날씨만 좋으면 초저녁부터 새벽까지 밤새도록 보름달을 볼 수 있을 것입니다.

⑦의 위치에 있는 달을 '하현달'이라고 합니다. 마치 상현달의 오른쪽과 왼쪽을 뒤집어 놓은 모양이에요. 하현달은 해의 오른쪽으로 90도 떨어진 곳에 있습니다. 그러니 해보다 6시간쯤 앞서 뜨고 지겠지요. 해가 뜨는 아침이면 하현달은 벌써 남쪽 하늘 높은 곳에 떠 있습니다. 물론 햇빛 때문에 잘 보이지

않지만요. 해가 남쪽 하늘에 오는 낮 12시쯤에 서쪽 지평선으로 지고, 밤 12시쯤 되면 동쪽 지평선에서 떠오르기 시작합니다. 하현달은 밤 12시부터 해가 뜨기 직전까지 볼 수 있는 셈이에요.

⑧의 위치에 있는 달을 '그믐달'이라고 합니다. 그믐달은 해의 약간 오른쪽에 있어요. 해보다 조금 앞서 뜨고, 또 조금 먼저 진답니다. 말하자면 그믐달은 새벽에 떠서 해가 뜨면 햇빛

때문에 보이지 않는답니다. 속담에서 말하는 새벽달이란 바로 그믐달이에요.

자, 이제 오늘이 음력으로 며칠인지만 알면 언제 어디에서 어떤 모양의 달을 볼 수 있는지 알 수 있겠지요?

무슨 일이든 때가 있는 법이랍니다. 너무 서두르다 보면 준비를 소홀히 해 일을 그르치게 되지요. 새벽달을 보려면 일찍 잠자리에 들었다가 새벽 3시쯤 일어나야 한답니다. 괜히 초저녁부터 기다렸다가 새벽달이 보일 때쯤 잠들어 버리면 어떡하겠어요.

# 9 뇌우 많은 해는 풍년

농사일에서 가장 중요한 것은 '비'와 '햇볕'입니다. 하지만 아무리 중요한 것이라도 지나치면 해롭기 마련이에요. 비가 너무 많이 오면 농작물이 물에 잠겨 썩어 버리고, 비가 너무 적게 오면 말라 죽기 쉬우니까요.

그러다 보니 농사짓는 분들은 이래저래 날씨 걱정이 많습니다. 우리 겨레는 예로부터 농사지어 밥을 먹고 살았으니 두말할 필요조차 없겠지요. 그래서인지 우리나라 속담에는 날씨와 풍년에 관한 것들이 많답니다.

그런데 날씨와 관련된 속담을 보면 놀랍게도 요즘 하는 과학적인 분석하고도 잘 맞아떨어집니다. 그 까닭은 어디에서 찾아야 할까요? 아무래도 가장 중요한 문제가 달려 있다 보니 오랜 세월 쌓아 온 생활의 지혜가 깊고 넓어져서 그런 것이 아닐까요?

'뇌우 많은 해는 풍년'

이 속담도 그렇게 해서 나온 속담 가운데 하나랍니다. '뇌우'란 번개와 함께 쏟아지는 비를 말하지요. 그런데 뇌우하고 풍년 사이에 어떤 관계가 있어서 이런 속담이 생긴 걸까요?

 하늘은 지구를 둘러싸고 있는 공기층

옛날 사람들은 하늘에 사는 신이 조화를 부려서 비를 내린다고 생각했습니다. 그래서 가뭄이 들면 비를 내려 달라고 '기우제'를 지내고, 장마가 이어지면 비를 그치게 해 달라고 '기청제'를 지냈어요.

오늘날에는 가뭄이나 홍수가 자연 재해 가운데 하나란 것을 누구나 압니다. 하지만 날씨가 하늘의 조화라는 생각은 예나

번개와 천둥을 일으키며 쏟아지는 비바람을 뇌우라고 하는데, 뇌우는 적란운이라는 구름이 넓게 깔렸을 때 많이 일어난다. 햇볕이 쨍쨍 쬐는 여름날, 뜨거운 지표에서 데워진 공기는 아주 빠르게 솟아올라간다. 이때 생기는 넓고 두꺼운 먹구름이 적란운이다.

지금이나 크게 다르지 않은 것 같아요. 날씨를 알려면 하늘을 먼저 알아야 한다고 생각하니까요.

하늘은 지구를 둘러싸고 있는 공기의 층입니다. 공기는 눈에 보이지 않는 여러 종류의 기체로 이루어져 있어요. 그 가운데 가장 많은 것이 '질소'라는 기체입니다. 공기 속에는 질소가 무려 78%나 들어 있거든요. 그다음으로 많은 것이 약 21%쯤 들어 있는 '산소'입니다. '아르곤'이나 '이산화탄소', 그리고 '수증기' 같은 기체들이 나머지 1%를 차지하고 있어요.

산소는 우리가 숨을 쉬고 살아가는 데 없어서는 안 될 중요한 기체입니다. 이산화탄소는 너무 많아지면 온실효과를 일으키기도 하지만, 식물들한테는 없어서는 안 될 밥이 되는 기체지요. 수증기도 마찬가지랍니다. 수증기도 없어서는 안 될 중요한 기체지만, 너무 많아지거나 적어지면 날씨를 제 맘대로 바꿀 만큼 무서워져요.

이렇듯 공기 속에 들어 있는 모든 기체들은 나름대로 중요한 일을 맡고 있습니다. 하지만 지금 우리가 관심을 가져야 할 기체는 다름 아닌 질소입니다. 뇌우 많은 해는 풍년이 든다는 속담의 비밀은 오직 질소만이 풀 수 있거든요.

비밀은 질소에 있다

농작물이 잘 자라려면 흙 속에 여러 가지 양분이 많아야 합니다. 질소는 '인', '칼륨'과 더불어 가장 중요한 양분 가운데 하나예요.

"질소는 공기 중에 가장 많은 기체 아니에요? 그러니 필요하면 언제든지 쓸 수 있잖아요?"

여러분 가운데 이렇게 말할 친구도 있을 것입니다. 하지만 '구슬이 서 말이라도 꿰어야 보배'라는 속담이 있듯이, 질소가 아무리 많아도 식물이 먹을 수 없다면 그림의 떡일 수밖에 없지 않겠어요? 식물이 질소를 먹으려면 질소는 어떤 상태가 되어야 할까요?

말할 것도 없이 질소가 물에 잘 녹아야 합니다. 그래야 식물들이 뿌리에서 물과 함께 빨아들일 수 있으니까요. 공기 속에 잔뜩 들어 있는 질소 기체는 질소 '분자'입니다. 질소 분자는 질소 '원자' 두 개가 아주 단단하게 달라붙어서 만들어지는데, 이 질소 분자는 다른 물질하고는 거의 반응하지 않아요. 그러니 어떻게 되겠어요? 당연히 물에도 잘 녹지 않는답니다.

그렇다면 식물들한테 질소 기체 자체는 쓸모없는 기체일 뿐입니다. 식물들이 먹어서 양분이 될 수 없으니까요. 식물 처지에서 생각해 보면, 질소는 오히려 가장 부족한 양분 가운데 하나가 됩니다. 그래서 농작물을 많이 거두려고 논밭에 비료를 뿌려서 부족한 질소를 보충해 주는 것이겠지요.

그럼 어떻게 해야 식물이 공기 속에 든 질소를 먹을 수 있을까요? 그러려면 단단하게 달라붙어 있는 질소 원자를 떼어 낸 뒤에 물에 녹기 쉬운 '질소 화합물'로 바꾸어야 할 텐데 말이에요. 그처럼 단단한 질소 분자를 어떻게 쪼갠단 말이지요?

아마 번개라면 그 일을 할 수 있을 것입니다. 번개는 아주 강력한 전기에너지거든요. 번개가 치면 그 근처에 있던 질소 기체들이 쪼개져서 질소 원자들이 떨어져 나옵니다. 이 질소 원자들이 산소나 수소 원자하고 결합해서 여러 가지 질소 화합물들이 만들어지는 거예요.

공기 속에 있는 질소 화합물은 빗물에 녹아서 흙으로 스며듭니다. 그렇게 되면 식물이 그것을 빨아들여서 양분으로 이용할 수 있게 되지요. 그야말로 하늘에서 질소 비료를 뿌려 주는 셈이니, 뇌우가 많은 해는 당연히 풍년이 들지 않겠습니까?

## 10 꽃이 고와야 나비가 모인다

어느 날 아이한테 물었습니다.

"넌 이다음에 커서 어떤 사람이랑 결혼할래?"

아이가 대답했어요.

"잘생기고, 키도 크고, 날씬하고, 똑똑하고, 착하고……."

"……."

어때요, 이런 사람이라면 누구라도 좋아하지 않을까요? 하지만 이 세상에 바라는 대로 다 되는 일이 어디 있겠어요. 또 자기 혼자만 이익을 보는 일은 거의 없습니다. 자기는 그렇지 못하면서 어떻게 남이 부러워하는 사람을 고르거나 만날 수 있겠어요?

'꽃이 고와야 나비가 모인다.'

이 속담에는 바로 그런 속뜻이 담겨 있습니다. 윗물이 맑아야 아랫물도 맑은 것처럼, 자기가 먼저 좋은 사람이 되어야 곁에도 좋은 사람들이 모이기 마련이거든요. 무엇보다 자기 조건이 좋아야만 바라는 대로 좋은 것을 고를 수 있다는 말이겠지요.

## 나비는 어떻게 꽃을 찾을까?

식물은 씨를 통해 자손을 퍼뜨립니다. 씨를 맺으려면 '꽃가루받이'를 해야 하는데, '꽃가루받이'란 수술이 가진 꽃가루를 암술한테 옮기는 일을 말하지요. 그러니까 꽃가루받이는 식물들이 하는 짝짓기인 셈입니다. 동물이라면 스스로 움직여서 짝을 찾고 짝짓기도 할 수 있지만, 식물은 마음대로 움직이지 못하잖아요?

그래서 식물은 누군가 꽃가루받이를 할 수 있게 도와줘야 합니다. 이렇게 도와주는 친구를 '매개자'라고 해요. 여러분도 잘 아는 것처럼, 꽃과 꽃 사이를 부지런히 날아다니는 벌이나 나비 같은 곤충이 바로 매개자가 됩니다. 물론 벌하고 나비가 식물을 도우려고 일부러 그러는 건 아니에요. 꽃한테서 꿀을 따려고 그러는 거지요. 이 꽃 저 꽃 꿀을 따러 돌아다니는 동안 자신도 모르는 사이에 꽃가루를 옮기는 것이랍니다.

옛날 사람들은 꽃을 찾는 나비를 보고, 여인네를 찾는 남정

네에 비유했습니다. 그래서 꽃과 나비가 어우러진 그림을 그리면서 암수가 서로를 찾는 자연의 이치를 나타냈지요. 또한 꽃과 나비에 관한 이야기도 많이 지었습니다. 그 가운데 가장 잘 알려진 것이 《삼국유사》에 기록된 이야기예요.

신라 선덕여왕 때 일입니다. 당나라 태종이 붉은색, 자주색, 흰색 모란꽃이 그려진 그림과 모란꽃 씨앗 서 되를 보내 왔습니다. 그림을 본 선덕여왕은 이렇게 말했어요.

"이 꽃에서는 절대로 향기가 나지 않을 것입니다."

씨앗을 심었더니 잎도 나고 꽃도 피었는데, 정말 향기는 나지 않았습니다. 깜짝 놀란 신하들이 물었어요.

"어떻게 그 사실을 아셨습니까?"

"꽃을 그렸는데 나비가 없으니 그 꽃에 향기가 있을 리 없 겠지요."

선덕여왕의 슬기에 신하들은 다시 한 번 놀랐습니다. 선덕여왕은 나비가 꽃 향기를 맡고 꽃을 찾는다고 본 셈이에요.

꽃은 참 곱습니다. 뿐만 아니라 향기롭기도 하지요. 색깔도 곱고 향기도 은은해서 사람들은 대부분 꽃을 좋아합니다. 곱다는 것은 시각으로 알 수 있고, 향기롭다는 것은 후각으로 알 수 있어요. 나비는 과연 무엇 때문에 꽃을 찾는 걸까요? 속담처럼 꽃이 고와야 나비가 모이는 걸까요, 아니면 선덕여왕 말처럼 향기로워야 모이는 걸까요?

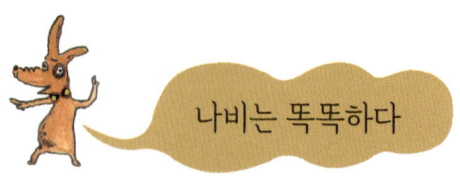

### 나비는 똑똑하다

벌이나 나비 같은 곤충은 후각과 시각을 이용해 사물을 구별합니다. 후각이란 냄새를 맡는 감각이고, 시각이란 사물을 보는 감각이지요. 곤충들이 '페로몬'이라는 화학 물질을 내보내서 짝을 찾는다는 것은 잘 알려진 사실입니다. 벌 사육사들은 벌들의 이런 성질을 이용해서 아슬아슬한 묘기를 보여 주기도 하는데, 여왕벌 페로몬을 몸에 바르고 수만 마리나 되는 벌들이 몸에 달라붙게 하는 묘기지요.

암컷 나방은 아주 적은 양의 페로몬을 뿌려서 수컷을 유혹한다고 합니다. 수나방은 더듬이로 공중에 뿌려진 페로몬을 알아채고 암나방을 찾아가지요. 수나방은 우리처럼 코로 냄새를 맡는 게 아니라 더듬이로 페로몬 냄새를 맡는 거예요. 꽃에서도 '벤질아세테이트'나 '인돌' 같은 여러 가지 화학 물질이 나오는데, 이런 물질을 우리는 '향기'라 하지요. 꽃은 농도가 다른 여러 가지 화학 물질을 뿜어냄으로써 곤충들을 끌어들이기도 하거든요.

곤충들이 꽃을 찾는 또 다른 방법은 눈을 이용하는 것입니다. 꿀벌은 우리가 볼 수 없는 자외선까지 볼 수 있다고 하거든요. '갯금불초'라는 꽃이 있습니다. 우리 눈으로 이 꽃을 보면 전체가 노랗게 보여요. 하지만 자외선으로 보면 꿀샘이 있는 가운데 부분은 유달리 진하게 보입니다. 꿀벌은 눈에 잘 띄는 진한 부분을 보고 꿀이 어디에 있는지 금세 알 수 있는 거지요.

꿀벌이 가진 이런 능력은 오래전부터 잘 알려져 왔습니다. 꿀벌은 농작물의 꽃가루받이에 유익한 곤충이어서 많은 사람들이 연구를 해 왔으니까요. 벌에 비하면 나비에 대해서는 별로 알려진 것이 없었습니다. 그런데 미국 조지타운대학의 '마사 바이스' 교수는 아주 특별한 실험을 생각해 냈어요. 그러고는 나비가 색깔을 잘 구별할 수 있을 뿐만 아니라, 공부도 잘하는 똑똑한 곤충임을 밝혔습니다.

'란타나'라는 열대 식물의 꽃 색깔은 시간에 따라 변한답니다. 처음에는 노란색이었다가 점점 오렌지색을 띠다가 빨간색이 된다고 해요. 그런데 꽃 속에 든 꿀의 양도 꽃 색깔에 따라 바뀐대요. 노란색일 때 가장 많고, 빨간색으로 갈수록 점점 줄어든다는 거예요.

바이스 교수는 여러 가지 꽃 색이 섞여 있는 란타나 꽃밭에 '남방공작나비'와 '큰표범나비'를 풀어 놓고 관찰하기 시작했습니다. 맨 처음에 나비들은 색깔을 구별하지 않고 꽃을 찾아

다녔어요. 그런데 며칠이 지나자 놀랄 만한 일이 일어났습니다. 나비들이 빨간색 꽃은 거들떠보지 않고 노란색 꽃만 찾아다니고 있었거든요. 나비들은 몇 번의 노력 끝에 노란색 꽃에 꿀이 더 많다는 것을 스스로 알아차린 것입니다.

우리는 맛있는 통닭이 있다는 것을 냄새로 알아냅니다. 또 눈으로 보고도 알 수 있지요. 이처럼 곤충들도 대부분 냄새와 눈으로 맛있는 꿀이 있는 꽃을 찾아냅니다. 하지만 나비는 후각보다는 뛰어난 시각을 더 많이 써서 꽃을 찾는다는 것을 바이스 교수는 알아냈어요. 그럼 선덕여왕이 보여 준 슬기보다는 속담 속 과학이 더 옳다는 뜻이 되는 걸까요?

## 11 자라 보고 놀란 가슴 솥뚜껑 보고 놀란다

여러분도 이런 경험 있나요?

소름이 오싹 돋는 귀신 영화를 보고 집으로 돌아가고 있었습니다. 길 가는 사람도 없는 데다가, 가로등도 꺼져서 아주 어두컴컴했어요. 당장이라도 머리카락을 풀어헤친 귀신이 불쑥 나타날 것 같았지요. 그런데……, 막 아파트 모퉁이를 돌아서는 순간, 갑자기 시커먼 물체가 흐느적거리며 앞을 가로막지 않겠어요? 얼마나 놀랐는지 뒤로 나자빠질 뻔했습니다.

정신을 차리고 보니, 귀신이 아니라 바람에 흔들린 키 작은

대추나무였어요. 뛰다시피 집으로 들어가 엄마에게 자초지종을 이야기했지요. 그랬더니 엄마는,

"자라 보고 놀란 가슴, 솥뚜껑 보고 놀란다더니……."
하셨습니다. 이 속담에는 어떤 일에 몹시 놀라면 그와 비슷한 것만 봐도 지레 겁을 먹는다는 뜻이 들어 있어요.

 자라는 힘이 세다

자라는 등딱지가 둥글고 위로 볼록하게 솟은 것이 꼭 솥뚜껑처럼 생겼습니다. 물론 요즘 솥뚜껑이 아니라 옛날에 많이 쓰던 가마솥 뚜껑을 말하지요. 또 자라는 입으로 무는 힘이 굉장히 세다고 합니다. 무엇이든 한번 물기만 하면 죽을 때까지 놓지 않는다는군요. 자라한테 물려 본 사람이 얼마나 충격이 컸으면 자라하고 조금 비슷한 솥뚜껑만 보고도 놀란다고 그랬겠어요.

우리는 눈으로 여러 가지 사물을 보고 알아냅니다. 그런데 눈은 아주 똑똑하기도 하고, 또 아주 흐리멍덩한 것 같기도 합니다. 아주 작은 차이도 금세 구별할 수 있는가 하면, 조금만 비슷해도 뭐가 뭔지 하나도 알지 못할 때가 있거든요.

쌍둥이 아이를 둔 엄마는 얼굴이 아무리 똑같아도 언니하고 동생을 금방 구별합니다. 하지만 쌍둥이 친구들은 언니하고 동생을 자주 헷갈려 하지요. 또 침팬지 사육사들은 침팬지 하나하나를 구별해서 이름을 부릅니다. 하지만 구경꾼들 눈에는 모든 침팬지가 똑같아 보일 뿐이에요. 물론 다른 사람에게 없는 능력이 쌍둥이 엄마나 사육사한테만 있어서 그런 건 아닙니다. 오랫동안 관심을 갖다 보면 아주 작은 차이도 구별할 수 있게 되는 것이지요.

그런데 같은 것을 사람에 따라 다르게 보는 경우도 있답니다. 달 표면에 있는 어두운 그림자를 예로 들어 볼까요? 우리나라 사람들은 이 그림자를 보고 방아 찧는 토끼를 생각했습니다. 하지만 똑같은 그림자를 보고 생각한 모습은 사람마다, 나라마다 달랐어요. 어느 나라 사람들은 두꺼비로 보았고, 또 어느 나라 사람들은 집게발이 달린 게로 보았다니까요.

그럼 이런 일이 생기는 까닭은 뭘까요?

아마 그 나라 사람들이 무엇인가를 유달리 좋아하거나 무서워해서 마음 상태가 저마다 다르기 때문일 거예요. 마음이 어떤가에 따라 사물이 다르게 보일 수도 있다는 것입니다. 자라에게 된통 혼났던 사람은 솥뚜껑만 보고도 자라를 떠올렸을 거예요. 하지만 외계인에 푹 빠진 사람은 솥뚜껑만 봐도 유에프오(UFO)가 생각나지 않겠어요?

사물이 원래 모습과 다르게 보이는 현상을 '착시'라고 합니다. 막대 두 개로 이루어진 [착시 1] 그림에서는 세로 막대가 가로 막대보다 좀 더 길게 보이지요. 하지만 실제로 재 보면 두 막대의 길이가 같다는 것을 알 수 있어요.

또 [착시 2] 유리잔 그림은 두 사람이 서로 마주보고 있는 모습으로 보이기도 합니다. 유리잔 그림처럼 하나의 물건이 여러 가지 모양으로 보이는 것도 착시입니다. 착시는 그저 재미있는 현상의 하나로 생각할 수도 있어요. 하지만 자라 보고 놀란 사람이 솥뚜껑을 보고 놀라는 것처럼, 착시가 사람에게 직접 영향을 끼치는 경우도 꽤 많답니다. 우주 탐사선이 찍어 보

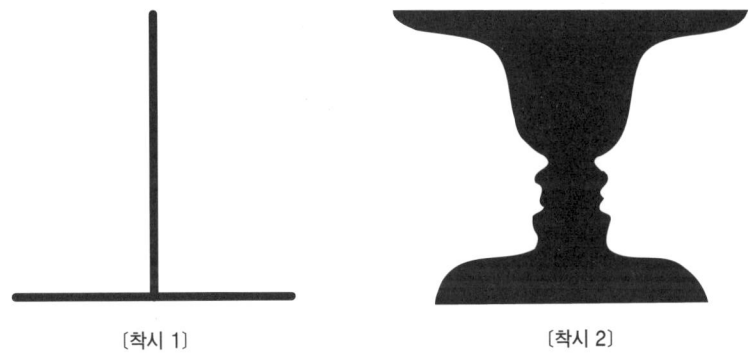

〔착시 1〕    〔착시 2〕

낸 화성의 표면 사진 한 장 때문에 큰 소동이 벌어지기도 했으니까요.

1976년 7월, 우주 탐사선 '바이킹 1호'는 화성 표면 사진을 찍어 지구로 보냈습니다. 사진에 찍힌 지역은 비교적 평평했지만, 이곳저곳에 낮은 언덕들이 늘어서 있었어요. 그 언덕 가운데 사람 얼굴을 닮은 것이 하나 있었습니다. 미국 국립항공우주연구소 '나사(NASA)'는 많은 사람들의 관심을 끌기 위해 이 사진을 널리 알렸습니다. 물론 화성의 모래 바람에 깎인 언덕이 햇빛 때문에 우연히 사람 얼굴처럼 보이게 되었다는 설명과 함께 말이지요. 그런데 생각지도 못한 사건이 터졌습니

1976년, 바이킹 1호가 찍은 화성 표면의 사진. 가운데 위쪽에 사람 얼굴 모양이 보인다.

다. 일부 사람들이 이 모습을 외계인이 만든 건축물이라고 주장하고 나선 거예요.

'화성에 외계인이 사람 얼굴 모양을 본떠 거대한 건축물을 지었다. 또 그 근처에는 도시와 피라미드도 보인다. 그런데 NASA에서는 이런 사실을 일부러 감추고 있다!'

이 같은 터무니없는 소문이 나돌자 과학자들은 난감했습니다. 그래서 1996년에 발사된 화성 탐사선 '마스글로벌서베이

어'에서 이 형상의 사진을 좀더 정확히 찍어 보기로 했습니다.

1998년 4월, 화성에 도착한 마스글로벌서베이어는 드디어 바이킹 1호 때보다 10배나 정밀한 사진을 찍어 보냈습니다. 그 결과가 어땠냐고요? 1976년과 1998년에 찍은 두 사진을 보고 여러분이 한번 판단해 보세요.

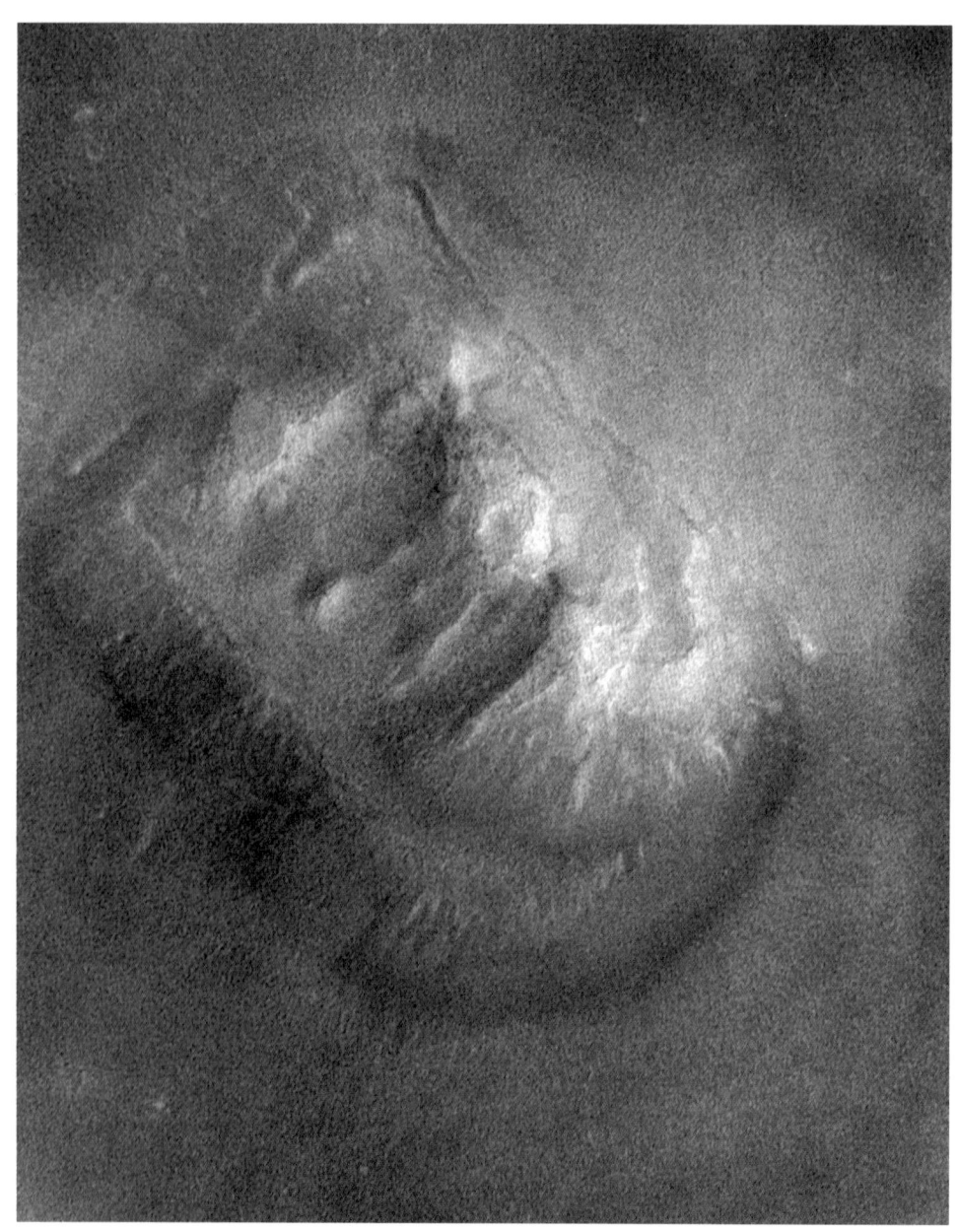

1998년, 마스글로벌서베이어가 찍은 고해상도 사진. 사람 얼굴은 간데없고 거친 언덕만 보인다.

사람은 눈에 보이는 대로 믿고 싶어합니다. 하지만 눈은 가끔 착시를 일으키기도 하지요. 무엇인가에 지나치게 얽매여 있을 때는 더더욱 그렇습니다. 그러니 세상은 어쩌면 마음먹기에 따라 다르게 보이는 것인지도 모릅니다. 자라에게 한 번 혼났더라도 정신만 바짝 차리면 솥뚜껑은 그냥 솥뚜껑으로만 보이겠지요?

## 12 물 위에 뜬 기름

며칠 있으면 제 아이 생일입니다. 친구들을 불러서 생일 잔치를 하면 어떠냐고 했더니 우물쭈물 싫다고 하더군요. 아직 친한 친구가 없어서 아무도 오지 않을 거라면서요.

"아니, 네가 뭐가 모자라서 아직 친구 하나 사귀지 못한 거니?"

엄마 잔소리에 아이는 그만 제 방으로 들어가 버렸습니다. 엄마도 답답해서 그랬겠지만, 그렇게밖에 말 못한 아이 마음은 또 어땠겠어요?

'물 위에 뜬 기름'

그러고 보면 이번 속담하고 꼭 맞아떨어집니다. 여러 사람하고 잘 어울리지 못하고 겉돈다는 속뜻이 들어 있으니까요.

물에 뜬다는 것

컵에 물을 반쯤 채우고 식초를 몇 방울 떨어뜨려 봅니다. 식초는 몇 번만 저어도 물하고 잘 섞이지요. 이번에는 물에 참기름을 몇 방울 떨어뜨려 봅니다. 참기름은 물과 섞이지 않고 물 위에 둥둥 떠 있습니다. 젓가락으로 세게 저으면 섞이는 듯하지만, 가만 놓아 두면 참기름은 다시 물 위에 떠다닙니다. 이처럼 액체 가운데는 서로 잘 섞이는 것이 있는가 하면, 물과 기름처럼 조금도 섞이지 않는 것도 있지요.

위에 말한 속담은 다른 사람하고 잘 어울리지 못하는 사람을 이 같은 기름의 성질에 비유한 것입니다. 기름이 물에 뜨는 까닭은 크게 두 가지가 있어요. 첫째는 기름의 비중이 물보다 작기 때문이고, 둘째는 애초에 물과 기름은 섞이지 않기 때문입니다.

여기서 '비중'이란 어떤 물체의 질량을 같은 부피의 물의 질량으로 나눈 값을 말합니다. 같은 부피의 물보다 얼마나 무거운지, 또는 가벼운지를 나타내는 수치라고 생각하면 되지요. 물 $1cm^3$(세제곱센티미터)의 질량은 1g(그램)입니다. 그러므로 어떤 물체 $1cm^3$의 질량이 0.5g이라면, 그 물체의 비중은 0.5가 됩니다.

참기름의 비중은 약 0.9입니다. 비중이 1보다 작은 물질은 물에 뜹니다. 나무가 물에 뜨는 것도 나무의 비중이 1보다 작기 때문이에요. 물론 쇠나 돌처럼 비중이 1보다 큰 물질은 물에 넣으면 곧 가라앉고 맙니다.

기름의 비중이 물의 비중보다 작더라도 이 둘이 잘 섞인다면 기름이 물 위에 뜨지 않을 것입니다. 기름과 물이 잘 섞이지 않는 까닭은 기름 분자와 물 분자의 성질이 서로 다르기 때문이에요. 둘의 성질이 어떻게 다르냐고요? 좀 어려운 문제지만 아래 설명을 차근차근 읽으면 어느 정도는 이해힐 수 있을 것입니다.

빨래의 비밀

물 분자는 두 개의 수소 원자와 한 개의 산소 원자로 이루어져 있습니다. 원래 수소 원자와 산소 원자는 전기를 띠지 않아요. 그런데 이들이 결합하여 물 분자를 이루면서 약한 전기를 띠게 됩니다. 산소 원자 쪽은 약한 음전기, 수소 원자 쪽은 약한 양전기를 띠는 것이지요.

물 분자처럼 양쪽 끝에 각각 양전기와 음전기를 띤 분자를

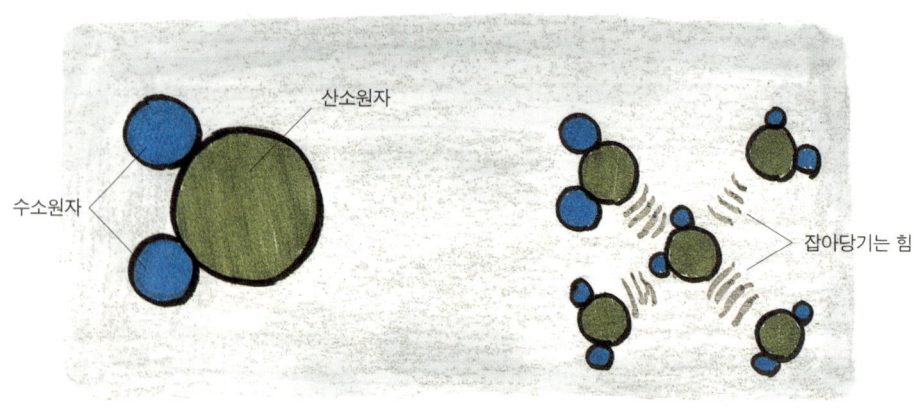

물분자                   물분자의 결합

'극성 분자'라고 합니다. 양전기와 음전기는 서로 잡아당기는 성질이 있기 때문에, 물 분자들은 아래 그림처럼 이웃하는 물 분자들을 서로 약하게 잡아당기고 있습니다. 물 분자들이 서로 뭉치는 것이지요.

기름 분자는 여러 개의 탄소, 산소, 수소 원자로 이루어져 있습니다. 물 분자와 달리 기름 분자는 거의 전기를 띠지 않습니다. 이런 분자를 '비극성 분자'라고 합니다. 극성 분자는 극성 분자끼리 잘 섞입니다. 또 비극성 분자는 비극성 분자끼리 잘 섞입니다. 하지만 극성 분자와 비극성 분자는 잘 섞이지 않습니다. 물과 기름이 서로 잘 섞이지 않는 이유는 바로 물이 극성 분자이고, 기름이 비극성 분자이기 때문입니다.

물질 중에는 극성 분자와 비극성 분자를 함께 가진 것도 있습니다. 비누 같은 세제가 바로 그런 물질이에요. 비누로 빨래를 하면 옷감에 묻은 기름때를 깨끗이 뺄 수 있습니다. 비누가 어떻게 기름때를 빼느냐고요?

비누의 한쪽은 비극성 분자이기 때문에 기름 분자와 잘 결합합니다. 그래서 비누칠을 하면 비누 분자가 기름때를 둘러

쌉니다. 물론 기름때에 달라붙는 부분은 비누 분자에서 비극성 분자 쪽이지요. 기름때를 둘러싼 비누 분자의 바깥쪽 부분은 극성 분자이기 때문에 물에 잘 녹습니다. 물에 잘 녹지 않는 기름때를 비누 분자가 둘러싸고, 그 덩어리가 물에 녹으면서 빨래의 기름때가 빠지는 것입니다.

이처럼 우리 주변에는 눈에 보이지 않는 작은 입자들 때문에 일어나는 신비로운 현상들이 많이 있습니다. '물 위에 뜬 기름'처럼 남들과 잘 어울리지 못하는 친구에게도 말 못할 사정이 있는 것이지요. 혹시 여러분이 그런 친구를 위해 비누 노릇을 해 볼 생각은 없나요? 기름과 물이 잘 섞이도록 도와주는 비누처럼, 그 친구와 다른 여러 친구들이 잘 어울리도록 도와주는 그런 사람 말이에요.

# 13 달 가까이 별 있으면 불나기 쉽다

어릴 적 불조심 포스터를 그릴 때였습니다. 여름보다는 겨울에 불이 많이 난다는 선생님 말씀을 듣고 깜짝 놀랐습니다.

'불은 뜨거운 건데, 추운 겨울보다는 뜨거운 여름에 불이 더 많이 나야 맞지 않을까?'

나름대로는 그럴 듯한 이유를 댔지만, 참 어리석었다는 생각도 드는군요.

'한국소방안전협회'에서 발표한 화재 통계를 보면 이런 사실을 잘 알 수 있습니다. 2002년 한 해 동안 우리나라에서 일

어난 화재는 모두 32966번이었습니다. 그 가운데 약 70%가 1월에서 4월, 그리고 11월과 12월, 여섯 달 동안 일어났습니다. 주로 겨울하고 봄에 불이 많이 난 것이지요.

 그럼 어째서 이런 현상이 나타나는 걸까요? 겨울에는 추워서 불장난을 많이 하기 때문일까요? 아니면 난로를 많이 피우기 때문일까요? 어렵다면 힌트를 하나 드리겠습니다. 불이 가장 두려워하는 것은 무엇일까요?

 바로 물입니다. 그러고 보니 여름에서 가을에는 장마와 폭우가 많이 쏟아지고, 겨울에는 눈이 오지만, 봄에는 가뭄이 자주 드는군요. 화재는 이처럼 날씨와 관계가 깊습니다. 하지만 비의 양보다는 공기가 얼마나 젖어 있는지, 말라 있는지에 따라 불이 많이 나기도 하고 적게 나기도 한답니다. 바로 습도에 따라 화재 건수가 달라지는 거예요.

아래 표는 우리나라의 월별 평균 습도를 나타낸 것입니다. 화재 건수가 가장 적은 7, 8, 9월에 평균 습도가 가장 높습니다. 또 화재 건수가 가장 많은 1, 2, 3월에 평균 습도가 가장 낮습니다. 화재 건수와 습도는 반비례하는 것이지요.

자, 이제 '달 가까이 별 있으면 불나기 쉽다'는 속담 속 과학을 알아볼 차례입니다.

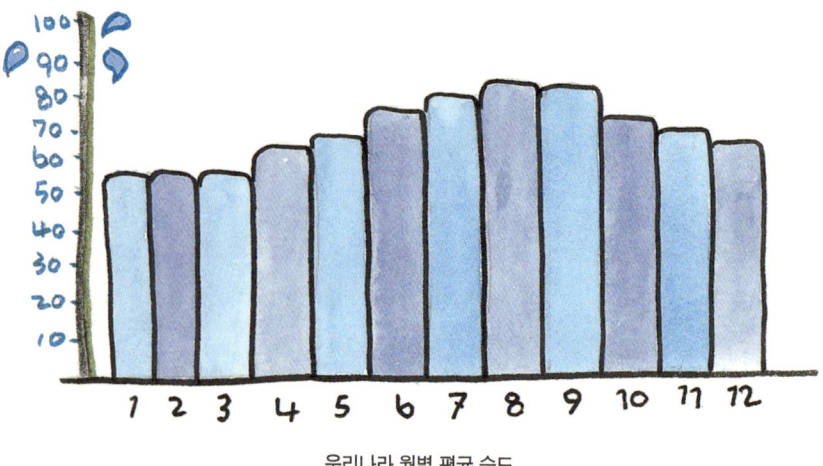

우리나라 월별 평균 습도

## 답은 습도다

'달 가까이 별 있으면'이라는 말에서 별이 있다는 것은 '별이 보인다'는 뜻입니다. 또 화재 위험이 있다는 것은 앞에서 알아본 것처럼 습도가 낮다는 뜻입니다. 그러니 이 속담을 '달 가까이에 별이 보이면 습도가 낮은 것이다'로 바꿔 말해도 되겠지요.

여기서 잠시 다른 이야기를 해 보겠습니다. 별이 언제 잘 보이고, 언제 잘 보이지 않느냐는 이야기입니다만, 주제를 좀 더 쉽게 설명하려는 것이니 크게 걱정하지는 마세요.

밤에 별이 보이는 것은 해가 없기 때문입니다. 별빛은 아주 희미하기 때문에 밝은 곳에서는 잘 보이지 않잖아요? 불빛이 많은 도시에서 별을 보기 힘든 것도 바로 이 때문입니다. 물론 밝은 달 가까이에서도 별은 잘 보이지 않아요. 그래서 아마추어 천체 관측가들은 보름달이 환하게 뜬 밤을 싫어한나지요.

불빛 말고 별을 보기 어렵게 만드는 까닭이 또 하나 있습니다. 바로 공기 속에 들어 있는 수증기예요. 수증기가 별빛을 흩뜨리기 때문에 별이 잘 보이지 않는 것입니다. 공기 중의 수증기가 많고 적음을 나타내는 수치가 무엇인지 아시지요? 바로 '습도'입니다. 습도가 높으면 별이 잘 보이지 않고, 습도가 낮으면 별이 잘 보이는 것이지요.

자, 이제 이번 속담에 들어 있는 속뜻을 이해하기 위한 지식은 충분히 쌓았습니다. 그럼 눈을 감고 밤하늘의 별을 상상하며 이 속담의 뜻을 좀더 실감나게 되새겨 봐야지요?

여러분 눈앞에 밤하늘이 펼쳐져 있습니다. 여기저기 별들이 희미하게 빛나고, 남서쪽 하늘에는 달이 떠 있습니다. 달 근처

는 달빛 때문에 별이 잘 보이지 않습니다. 습도가 높은 날은 더 심하겠지요.

어, 그런데 이게 웬일입니까? 오늘은 달 가까운 곳에서도 별이 보이네요. 공기 속에 수증기가 거의 없나 봅니다. 습도가 낮다는 뜻이겠지요? 이런 날일수록 더더욱 불조심을 해야 합니다. 이제 여러분도 '달 가까이 별 있으면 불나기 쉽다'는 속담을 잘 알게 되었으니까요.

# 14 달무리한 지 사흘이면 비가 온다

지구는 해의 둘레를 도는 행성 가운데 하나입니다. 달은 지구의 둘레를 도는 위성이지요. 해는 스스로 불타고 있는 엄청나게 큰 별입니다.

우주에는 해 같은 커다란 별이 수없이 많습니다. 밤하늘에 보이는 별들은 모두 해처럼 밝은 빛을 내고 있지요. 다만 너무 멀기 때문에 희미하게 빛날 뿐입니다. 옛날 사람들은 이런 사실을 자세히 알지 못했어요. 과학이 발달하지 못했으니까요.

옛날 사람들은 하늘에 신이 산다고 생각했습니다. 그래서 하늘에서 나타나는 여러 가지 현상도 신이 사람에게 내리는 어떤 가르침으로 받아들였어요. '일식'이나 '월식'이 일어나거나 '혜성'이 나타나면 노여움을 풀어 달라고 하늘에 제사를 지내기도 했습니다. 이런 이야기들은 우리나라의 옛 기록에도 많이 보여요. 다음은 《삼국유사》에 나오는 이야기랍니다.

신라 경덕왕 19년, 4월 2일에 생긴 일입니다. 갑자기 하늘에 해 두 개가 나타나 열흘 동안이나 사라지지 않았습니다. 사람들이 크게 걱정하자, 신하 한 사람이 왕에게 이렇게 아뢰었습니다.

"덕망 있는 스님께 부탁해서 꽃 뿌리는 공덕을 지으면 재앙

을 물리칠 수 있을 것입니다."

경덕왕은 월명사라는 스님에게 '도솔가'라는 노래를 짓도록 했습니다. 월명사의 노래가 끝나자 마침내 해 두 개가 하나로 합쳐졌습니다.

지금 생각하면 참으로 터무니없는 이야기지요. 하지만 옛날 사람들에게는 이런 일들이 생활에 영향을 미치는 중요한 일이었습니다. 두려움이 오랫동안 지속되면 민심이 흉흉해질 수밖에 없을 테고, 그러다 보면 반란이 일어날지도 모르니까요.

시간이 지나면서 사람들은 올바른 눈으로 세상을 바라보게 되었습니다. 이런 일들이 저절로 일어나는 자연 현상의 일부라는 사실을 깨닫게 된 것이지요. 또한 자연 현상을 관측하면서 쌓인 경험을 통해 어떤 현상과 다른 현상이 서로 연관을 지으며 일어난다는 사실도 알게 되었습니다. '달무리한 지 사흘이면 비가 온다'는 속담도 이처럼 오랜 경험 속에서 얻은 지혜의 하나입니다.

옛날 사람들이 안 것은 '달무리'와 '비'의 관계일 뿐입니다. 달무리가 지면 어째서 비가 오는지, 그 근거는 알지 못했지요.

그 속담의 과학적 근거가 밝혀진 것은 최근 일이거든요.

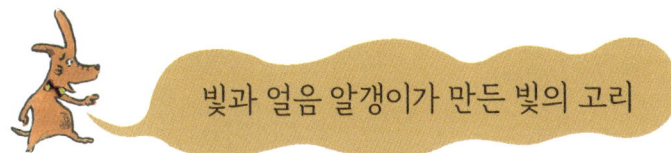
빛과 얼음 알갱이가 만든 빛의 고리

바다나 강, 또는 호수의 물은 햇빛을 받으면 증발합니다. 증발한 물은 수증기가 되어 공기의 한 성분을 이루지요. 수증기

공기 중의 빙정 때문에 해 주변에 생기는 빛의 덩어리를 무리해라고 한다. 무리해는 빙정을 많이 포함하고 있는 새털 모양의 구름(권운)이 넓게 깔려 있을 때 잘 생긴다. 가운데 해가 진짜 해이고, 왼쪽과 오른쪽의 빛덩어리가 가짜 해이다.

가 바람을 타고 하늘 높이 올라가면 얼어붙어 얼음 알갱이가 됩니다. 높이 올라가면 기온이 낮아지기 때문입니다.

공기 중에 포함된 얼음 알갱이를 '빙정'이라고 합니다. 수증기나 빙정은 아주 적은 양이지만 중요한 구실을 합니다. 수증기와 빙정이 바로 구름이나 비, 눈 같은 기상 현상을 일으키는 주인공이거든요. 또한 해와 달이나 별에서 오는 빛을 흩뜨려서 여러 가지 신비한 현상을 일으키기도 합니다.

햇빛은 공기층을 지나 우리 눈에 들어옵니다. 이때 공기 속 빙정들이 햇빛을 굴절시켜 해 둘레에 둥근 빛의 고리를 만들

햇무리는 공기 중에 빙정들이 많을 때 생긴다. 햇무리는 빙정을 지나면서 꺾인 햇빛이 해 주변에 만든 둥근 빛의 고리이다.

기도 합니다. 이것을 '햇무리'라고 하지요. 햇무리가 심해지면 햇무리 둘레에 빛 덩어리가 나타나기도 합니다. 우리나라에서는 이런 현상을 '환일' 또는 '무리해'라고 하지요. 무리해가 나타나면 해가 여러 개 뜬 것처럼 보입니다. 신라 경덕왕 때 나타난 두 개의 해는 바로 환일이었던 거예요.

달무리가 무엇인지는 저절로 알게 되었을 것입니다. 바로 빙정 때문에 달빛이 굴절하여 달 둘레에 만들어진 빛의 고리지요. 달무리는 대부분 색깔을 띠지 않습니다. 하지만 달무리가 짙고 넓을 때에는 안쪽이 불그스름하고, 바깥쪽으로 갈수

록 푸르스름해집니다. 이 같은 색깔은 햇무리에서 더 잘 볼 수 있어요. 그런데 달무리한 지 사흘이면 어째서 비가 온다는 것일까요?

 달무리를 만드는 빙정은 다름 아닌 구름을 만드는 재료입니다. 구름이란 빙정이 짙게 모여 있는 것이거든요. 높이 5~13km

기온이 낮은 높은 하늘에는 빙정(얼음 알갱이)들이 많이 떠 있다. 이런 빙정들이 특히 많을 때, 달빛이 빙정을 지나면서 꺾여 달 주변에 희끄무레한 빛의 고리가 만들어지기도 하는데, 이것을 달무리라고 한다.

의 높은 하늘에 옅은 새털 모양으로 떠 있는 구름을 '권운'이라고 합니다. 햇무리나 달무리는 이 권운에서 많이 생겨요. 그래서 권운을 '햇무리구름'이라고도 하는 것입니다. 권운이 생기면 날씨가 흐려지고 태풍이 올 징조입니다. 달무리는 권운이 깔려 있음을 말해 주는 셈이에요.

자, 이제 모든 것이 밝혀졌습니다. 달무리가 졌다는 것은 권운이 깔려 있다는 뜻이고, 권운이 사흘이나 계속 되니 당연히 비가 오지 않겠어요? 이것이 바로 '달무리한 지 사흘이면 비가 온다'는 속담 속에 숨은 과학이랍니다.

## 15 콩밭에 가서 두부 찾는다

젊었을 때 자취를 했던 한 친구 이야기입니다.

고향 집 김치 생각이 간절했지만, 친구는 김치 담그는 법을 몰랐답니다. 그래서 어머니께 전화를 드렸지요.

"어머니! 김치 어떻게 담가요?"

어머니는 객지에서 고생하는 아들이 안쓰러워 차근차근 말씀해 주셨답니다.

"먼저 좋은 배추를 사서 잘 씻어야지. 소금도 준비하고, 그리고……, 고춧가루도 듬뿍 넣어서……."

친구는 급한 마음에 자세히 듣지도 않고 전화를 끊었습니다. 그리고 배추를 사다가 정성껏 씻고 고춧가루에 갖은 양념을 넣어 김치를 만들었어요. 과연 어떤 맛이었을까요? 친구 말로는 무슨 김치가 그렇게 뻣뻣한지 도저히 먹을 수가 없더랍니다.

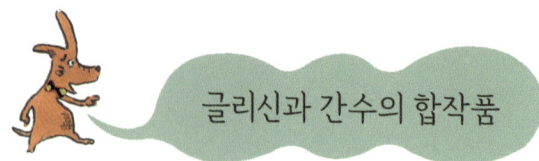
글리신과 간수의 합작품

배추가 뻣뻣한 것은 배춧잎 세포에 물이 꽉 차 있기 때문입니다. 김치를 만들려면 먼저 배추를 소금에 절여야 합니다. 그렇게 하면 세포에 가득 찬 물기가 빠져서 배춧잎이 부들부들 해지거든요. 그런 다음에 고춧가루를 넣어야지요.

물론 친구 어머님이 이것을 모를 리 없습니다. 그 친구가 어머니 말씀을 제대로 듣지 않고 너무 서두르다 절이는 과정을 빠뜨린 탓이지요. 이처럼 지나치게 성급하게 구는 사람을 보고 '우물에서 숭늉 찾는다'고 합니다. 지금부터 이야기할 '콩밭에 가서 두부 찾는다'는 속담도 같은 뜻이 담겨 있어요.

숭늉을 만들려면 먼저 우물물을 길어 와야 합니다. 그리고 밥을 하고 난 가마솥에 물을 붓고 끓여야 되지요. 그런데 우물에서 숭늉을 달라니 얼마나 성미 급한 사람이겠어요? 콩으로 두부를 만들 때는 우물로 숭늉을 만들 때보다 더 복잡한 과정을 거쳐야 합니다. 그러니 콩밭에서 두부 찾는 사람은 우물에서 숭늉 찾는 사람보다 더한 사람일 게 분명합니다.

우물물과 숭늉은 차갑고 뜨거울 뿐, 모두 물은 물입니다. 하지만 콩하고 두부는 아주 다르게 보입니다. 콩처럼 딱딱한 곡물이 어떻게 뭉글뭉글한 두부로 바뀔 수 있을까요?

그것은 '글리신'이라고 하는 콩 성분과 '간수'라고 하는 짠 바닷물이 잘 어우러졌기 때문입니다. 보통 고기에는 단백질이 많고, 곡물에는 탄수화물이 많습니다. 그런데 곡물 가운데 하나인 콩에는 단백질이 쇠고기의 두 배나 들어 있어요. 그래서 콩을 '밭에서 나는 쇠고기'라고 하는 것입니다. 글리신은 콩에 많이 들어 있는 단백질이고요.

두부를 만들려면 먼저 콩을 잘 씻고 몇 시간 동안 물에 불려야 합니다. 불린 콩을 맷돌이나 믹서기로 곱게 갑니다. 간 콩을 촘촘한 천으로 걸러 콩물을 빼냅니다. 여기서 남은 찌꺼기가 콩비지인데, 이 비지로 비지찌개를 끓여 먹습니다. 콩물을

70℃ 정도로 식혀서 간수를 넣습니다. 콩물이 응고되면 순두부가 됩니다. 순두부를 천에 싸서 네모난 틀에 앉히고, 무거운 돌을 그 위에 얹어 놓으면 물이 더 빠져서 단단한 두부가 됩니다.

두부를 만들 때 꼭 필요한 것이 바로 간수입니다. 그래서 '콩밭에 가서 두부 찾는다'는 속담 대신 '콩밭에 간수 치겠다'는 속담을 쓰기도 하는 거예요. 산수린 소금을 만들고 남은, 씁쓸하고 떫은맛이 나는 바닷물입니다. 두부에 간수가 남아 있다면 두부 맛이 떨떠름할 거예요. 그래서 갓 만들어진 두부는 간수가 빠지도록 물에 담가 놓고 기다려야 합니다.

그런데 만일 간수 없이 두부를 만들 수 있다면 얼마나 좋을

까요? 그렇게 만든 두부는 콩의 고소한 맛이 더하지 않을까요?

1999년, 서울대학교의 정가진 교수는 캐나다에 사는 한 교포로부터 두부에 대한 중요한 정보를 전해 들었습니다. 간수 대신 김치 국물로 '요구르트 두부'를 만들 수 있다는 말이었어요. 김치 국물 속의 무엇이 콩물을 굳게 만든 것일까요?

그것은 바로 '유산균'이었습니다. 유산균으로 만든 두부는 지금까지 나온 어떤 두부보다 맛과 영양이 더 좋고, 보존 기간도 두 배나 길었다니까요.

우리나라와 중국, 그리고 일본의 중요 식품이었던 두부는

이제 세계인이 즐기는 식품이 되었습니다. 혹시 외국 사람들이 두부를 뭐라고 하는지 아세요? '도후'라고 한답니다. 도후는 두부를 뜻하는 일본말이에요. 일본 사람들이 두부를 세계에 널리 알렸기 때문에 그 이름을 얻게 되었답니다. 원래 일본 두부는 우리나라에서 건너간 것입니다만, 두부를 세계화하는 데는 우리가 일본에게 뒤진 것이지요. 외국 사람들은 김치도 '기무치'라는 일본말로 알고 있다고 합니다. 참 부끄러운 일이에요.

 좀 늦기는 했지만 김치와 두부의 종주국 자리를 다시 찾아와야 하지 않겠습니까? 그렇게 하려면 요구르트 두부를 만든 분처럼 열심히 공부를 해야 합니다. 노력하지 않고 흥분만 한다면 그야말로 '콩밭에 가서 두부 찾는' 사람이 될 테니까요.

# 16 엄마 손은 약손

저녁을 먹고 한참 숙제를 하는데 배가 아파 옵니다. 간신히 일어나 엄마에게 갔더니, 밥을 먹자마자 공부를 해서 그렇다고 하시는군요.

소화제를 먹고 자리에 누웠습니다. 엄마는 내 배를 살살 쓰다듬어 주시면서 이렇게 말씀하십니다.

"엄마 어렸을 때는 배 아플 때 어떻게 했는지 아니? '엄마 손은 약손, 아기 배는 똥배' 하시며 네 외할머니가 엄마 배를 살살 쓰다듬어 주셨어."

노래가 웃겨서 킥킥 웃음이 나왔습니다. 그런데 배가 점점 따뜻해지면서 아주 편안해지는 거예요. 약을 먹어서 그런 걸까요, 아니면 정말 엄마 손이 약손이어서 그런 걸까요?

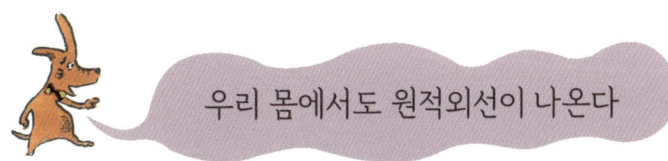

우리 몸에서도 원적외선이 나온다

아이들이 배앓이를 할 때 배를 쓰다듬어 주는 것은 아주 오래전부터 내려온 전통 치료법입니다. 그렇게 하면 신기하게도 아픈 배가 편안해지거든요. 단지 느낌만 편안해지는 게 아니라 정말로 낫는 것입니다. 왜 그럴까요?

옛날 사람들에게는 그 까닭이 중요한 건 아니었습니다. 그렇게 하면 정말 배앓이가 나으니까 했던 것뿐이에요. 그런데 최근 들어서 그 이유가 하나 둘씩 밝혀지고 있습니다. 아픈 배를 쓰다듬어 주는 것이 우리 몸과 마음에 좋은 약이 된다는 사실을 과학자들도 인정하기 시작한 것이지요.

'원적외선'이란 말을 들어 본 적이 있어요? 우리 눈으로 볼 수 있는 빛 가운데 파장이 가장 긴 빛은 빨간빛입니다. 그 빨간빛보다 파장이 더 긴 빛을 '적외선'이라고 하는데, 원적외선은 그 가운데서도 파장이 가장 긴 적외선을 말해요. 원적외선은 우리 몸에 아주 좋은 빛입니다. 원적외선을 쬐면 몸이 따뜻해지고 혈액 순환이 잘 되거든요.

그래서 병원에서는 원적외선을 치료에 쓰기도 합니다. 허리나 어깨가 아플 때 원적외선을 쬐면 통증이 가라앉고 빨리 낫습니다. 병원에서 쓰는 원적외선 치료기는 전기 난로하고 비슷합니다. 코일에 전기를 흘려서 열을 내게 하는 장치거든요.

흙이나 광물에서도 원적외선이 많이 나오는데, 황토 찜질방은 바로 그 원리를 이용해 만든 것이랍니다. 황토나 돌로 만든 침대가 인기를 끌고 있는 까닭도 다 마찬가지예요.

배앓이 할 때 손으로 배를 한번 만져 보세요. 아마 배가 아주 차가울 것입니다. 배가 차가우면 위의 기능이 약해져 있다는 증거입니다. 이때 손을 배에 대면 손의 따뜻한 기운이 배 쪽으로 전해집니다. 손의 따뜻한 기운이란 다름 아닌 원적외선이에요. 바로 우리 몸에서도 원적외선이 나오는 것입니다. 손에서 나온 원적외선은 배를 따뜻하게 데워 위의 기능을 원활하게 만들어 준답니다.

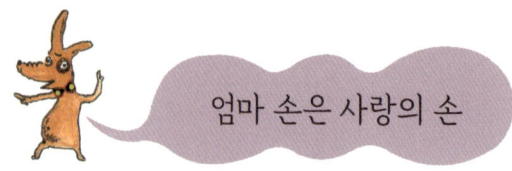
## 엄마 손은 사랑의 손

그런가 하면 쓰다듬기도 위의 기능을 도와줍니다. 손으로 몸을 주무르고 쓰다듬는 것을 '마사지'라고 하는데, 부모님 어깨를 주물러 드리면 시원하다고 하시잖아요? 그게 바로 마사지입니다. 마사지도 몸의 기능을 좋게 하는 전통 치료법 가운데 하나거든요. 배를 손으로 쓰다듬으면 우리 몸의 자율신경을 자극해 위장의 활동이 좋아진다고 합니다. 옛날 조선 시대 임금님들도 잠자리에서 일어나기 전에 늘 배 쓰다듬기를 했다는군요.

여러분은 몸이 아플 때 누가 제일 먼저 생각납니까? 물론 엄마겠지요. 나이가 어릴수록 엄마를 찾는 마음은 더욱 간절합니다. 그만큼 엄마는 우리에게 소중한 사람이니까요.

미국 마이애미 대학의 과학자들은 엄마의 쓰다듬기가 아기에게 어떤 영향을 끼치는지 조사한 적이 있답니다. 그랬더니 엄마가 아기를 쓰다듬어 주면 스트레스가 줄고 질병에 대한 저항력도 크게 높아졌다는군요. 또 잠드는 데 걸리는 시간이 쓰다듬어 주지 않은 아기보다 15분이나 빨랐다고 합니다. 엄마의 손길이 아기의 마음을 편하게 해 주는 좋은 약인 셈이에요.

이제부터 배가 아플 때는 엄마에게 배를 쓰다듬어 달라고 해 보세요. 엄마 손은 약손이 틀림없으니까요. 또 친구하고 다퉈서 마음이 상했을 때도 엄마에게 가슴을 쓰다듬어 달라고 해 보세요. 엄마 손은 사랑의 손이기도 하니까 마음이 편해질 것입니다.